I0045293

7 – 17
LA EXPERIENCIA

7-17 LA EXPERIENCIA

Claves para entender que se espera de ti en el futuro.

El libro que está cambiando la percepción de cómo te tienes que preparar para tu futuro profesional.

Glen Lapson

Publica: Fundación ECUUP

© 2015 Glen Lapson

www.glenlapson.com

Derechos exclusivos de edición:

© 2017 Fundacion ECUUP

Cinco de Marzo 16, planta 2, 50004, Zaragoza, España

www.fundacionecuup.org

Corrección de estilo: José Antonio Quílez Pradal

Dibujo de portada: Joaquín Macipe Costa

ISBN: 978-84-949020-2-4

Derechos reservados. Prohibida la reproducción total o parcial de esta obra salvo autorización expresa del editor (admin@fundacionecuup.org)

Para ti
Que nunca dejarás de aportar valor creativo

<u>INDICE</u>

CAPITULO 1

La clase termina. La profesora hace un rápido resumen de lo que ha expuesto hoy. Nos recuerda lo que debemos estudiar para la semana próxima. Enseguida se origina un revuelo entre todos los compañeros, recogiendo papeles, levantándose del sitio. A mí, como siempre, me gusta mirar lo que ella hace. Me quedo un rato sentada, no tengo problema en verla porque estoy en segunda fila y los compañeros de delante también tienen la misma costumbre que yo.

La profesora recoge minuciosamente los libros que había abierto para seguir la explicación y mete dentro de las páginas las dos hojas donde se había apuntado un par de dudas que le planteó mi compañero de atrás. Quería analizar las preguntas en casa porque le habían parecido muy interesantes. Por supuesto, mi compañero se llenó de orgullo, consiguió el ánimo del resto de la clase, y estoy segura de que no tendrá problemas en volver a intervenir.

Lo que más me gusta de esta profesora es la manera que tiene de guardar los lápices y bolígrafos que ha utilizado para sus apuntes. Los dispone siempre en el mismo orden de colores: primero el azul, luego el rojo y finalmente el lapicero. Siempre el mismo protocolo. Siempre la misma mirada de seguridad. Cuando por fin tiene todo recogido en su cartera, mira con una gran sonrisa a la clase, se pone de pie, y mientras camina hasta la salida, se despide con un gran: "La próxima clase, habrá más. Experimentad en vuestro día a día lo que hemos aprendido hoy".

Lo cierto es que esta mujer me gusta como profesora. Se preocupa por los alumnos, consigue que el que pregunta se sienta importante y siempre trata de traernos una novedad a clase. ¡Ojalá todos los profesores fueran igual! A ver si lo que viene ahora es interesante.

Durante toda la semana han organizado en el Centro unas jornadas para, como dicen los profesores, orientarnos en nuestro futuro. No sé si se dan cuenta de que con 17 años que tenemos (muchos ya han cumplido los 18) el futuro para nosotros es… futuro. Nos gusta vivir el presente, nos gusta sentirnos juntos, vivir experiencias en grupo y sobre todo compartir lo que vivimos. Decimos que el futuro ya vendrá… Aunque, para ser sincera… ¡No! … ¡la verdad es que yo no pienso así! ... A mí realmente me preocupa.

Hoy es viernes y como última sesión del día han programado una charla de una persona que según dicen, nos va a hablar sobre lo que nos espera. No hay nada que perder, sólo una hora más y a casa, que es viernes.

Al entrar en el Salón de Actos, miro a mis amigas más cercanas, y sin decirnos nada, nos ponemos todas juntas. Creo que instintivamente lo hacemos porque en caso de que nos aburramos siempre podemos charlar o mandarnos algún mensaje en papel para pasar el rato (no de móvil porque lo prohíben en horario lectivo).

Mientras observo a mis compañeros, noto lo que significa el peso de los días de la semana cuando tienes 17 años. Parecemos todos agotados, y aunque ha sido en cierta forma tranquila porque ha habido varias charlas de Orientación, estamos todos preparando los próximos exámenes. Nos jugamos bastante y puedo decir que la mayoría de la clase, como yo, vamos a pasar lo que queda de mes estudiando hasta el último minuto.

Ya estamos todos sentados. Dejo la bolsa con los libros a mis pies y saco una carpeta para apoyar con un par de hojas, tal y como nos dijeron que debíamos traer para esta charla.

El Salón de Actos siempre me ha parecido un espacio destinado para temas lúdicos. Hemos venido a los festivales de Navidad, al de Fin de Curso, y a algunas celebraciones que el Centro organiza. Sí es cierto que la primera sesión del año escolar se hace aquí y es cuando el Director, muy serio, nos informa de lo que nos espera, las novedades respecto del año pasado y sobre todo, las normas a seguir durante el curso. Quizá ese sea el momento más serio que he vivido en este Salón de Actos, a excepción, por supuesto, del momento presente.

Me parece todo demasiado formal. La persona que va dar la charla se ha subido al escenario y va vestido de traje.

Al principio me ha parecido una contrariedad porque nadie en el Centro lleva corbata de diario, y cuando veo a alguien tan arreglado, me produce una sensación interna de rechazo porque me pregunto si se ha puesto traje y corbata sólo para hablar con nosotros, o si quiere demostrar algo que no tenga sentido.

Es un hombre moreno de mediana estatura con traje azul de pequeñas rayas blancas verticales, camisa azul clara y corbata oscura con unos pequeños dibujos que no llego a distinguir bien desde mi sitio.

Una vez escuché una conversación de los mayores en mi casa que decían que dependiendo de lo que se quería conseguir cuando se hablaba en público había que llevar la corbata de un color u otro. Reconozco que según ese principio, soy incapaz de saber de antemano qué pretende el hombre, que de pie al borde del escenario, está caminando lentamente de un lado a otro como esperando al silencio oportuno para comenzar a hablar.

Por su aspecto, presumo que tiene unos cuarenta y parece pensativo mientras camina. ¿Estará nervioso antes de ponerse a hablar en público? Le han preparado una pequeña mesa en un lateral del escenario donde apoya su ordenador portátil con el que controla las transparencias que va a utilizar.

Sobre la mesa veo un vaso de agua. Tiene líquido hasta la mitad. No veo ningún botellín para poner más. Es extraño, pero si él considera que con medio vaso de agua tiene suficiente para la charla... Miro a un lado y veo que el profesor encargado de organizar la semana de Orientación sube los tres escalones que hay para llegar al nivel del escenario. Se aproxima al micrófono.

El salón de actos es grande, tiene dos pisos y la tarima está un metro por encima del suelo del nivel de las butacas de la primera fila. Las dos grandes cortinas de color beige que están recogidas en los laterales delimitan el espacio que la persona que se mueve en el escenario podrá utilizar.

Existe un proyector de imágenes que, como en el cine, dirige hacia una pantalla grande y blanca las imágenes que se cargan en el ordenador del conferenciante para apoyar su explicación. De hecho, ya estamos viendo la primera imagen.

Supongo que con el fin de captar nuestra atención, el conferenciante ha cambiado la imagen negra que se veía al principio por la primera transparencia.

Se produce silencio entre nosotros. Somos unos sesenta alumnos y ninguno ha ocupado las tres primeras filas del salón. Creo que todos pensamos que si nos sentamos allí, tenemos grandes posibilidades de ser llamados si el que dirige la charla pide voluntarios. ¡O no tan voluntarios!

Noto como si hubiera una comunicación silenciosa entre el conferenciante y nuestro profesor sobre las luces del salón. Al final, según me parece entender por los signos que utilizan, van a dejar las luces encendidas todo el rato. Casi mejor, lo agradezco, porque si apagan las luces de la zona donde estamos sentados, siendo viernes a última hora, no sé cuántos de nosotros podríamos asegurar que no acabaremos cerrando los ojos. Yo desde luego no.

–Buenos días – comienza el profesor a decir al micrófono que ha tomado mientras observo que el conferenciante le mira y se detiene de su paseo lineal en el borde del escenario – Vamos a comenzar la última sesión de estas Jornadas de Orientación para vuestro futuro como estudiantes y como trabajadores.

A estas alturas podría asegurar que ninguno de nosotros le está mirando. Todos, y observo a mis compañeros para comprobar, estamos leyendo la transparencia que ha puesto el conferenciante. Sobre un fondo blanco hay un título que pone:

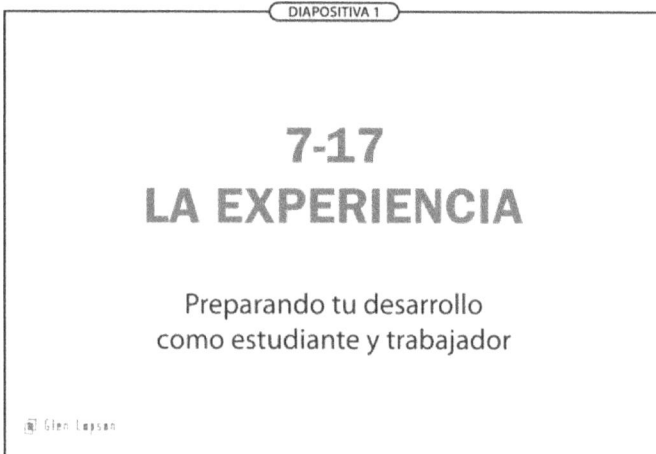

DIAPOSITIVA 1

7-17
LA EXPERIENCIA

Preparando tu desarrollo
como estudiante y trabajador

Glen Lapson

Por lo menos parece que no va a ser una charla típica en la que viene un profesional te cuenta todas las bondades de lo que ha estudiado, de su trabajo y trata de convencerte de lo que tienes que estudiar. Noto que el profesor habla. Ha debido de decir el nombre del conferenciante y no le he prestado atención.

–La persona que os va a hablar en las próximas horas es un ex–alumno de este Centro. Terminó sus estudios universitarios de Ingeniería Industrial, y posteriormente ha trabajado en varias corporaciones. A los 37 años se puso de nuevo a estudiar y cursó un Máster en Administración de Empresas. Aparte de ser un amigo, es una buena persona.

Esto último ha hecho que me gire hacia el profesor y, acto reflejo, miro al conferenciante que con su traje y corbata lo mira tranquilamente. ¿¡Buena Persona!? Es algo que no oía últimamente. Siempre se habla de un gran profesional o persona destacada, ¿pero decir Buena Persona?… Creo que es la primera vez que lo escucho en una presentación. Me pregunto si tenía necesidad de decirlo. Por lo menos ha conseguido que me interese algo por él.

–Hoy os viene a hablar desde su experiencia, para compartirla con vosotros.

El profesor termina de hablar, mira al conferenciante y tranquilamente baja los escalones para sentarse en segunda fila y atender al escenario. Nos quedamos quietos, callados y simplemente estamos a la espera mientras interpretamos la imagen.

–Buenos días y gracias por la presentación. – Dirige al principio la vista al profesor que se acaba de sentar. Se nota que se conocen desde hace mucho tiempo, y por sus miradas, se tienen mucho

17

afecto. Comienza hablando en voz baja mientras camina tranquilamente de un lado a otro del escenario, y mirándonos a todos, continua – hace exactamente 30 años yo también estaba allí – señala las butacas del salón de actos donde estamos sentados – y os puedo decir que para mí es un orgullo estar hoy con vosotros.

No sé muy bien qué pensar. Venía preparada para una charla más, me he sentado con todos y supongo que ninguno espera nada diferente de lo que hasta ahora nos han ido contando. De pronto veo que con mucha prisa y agilidad el conferenciante se acerca al ordenador y cambia a la siguiente diapositiva. La miro y tengo que reconocer que acaba de captar toda nuestra atención.

CAPITULO 2

El color y el olor han cambiado desde la última vez, pero la sensación de estar aquí sigue siendo la misma: una mezcla entre nerviosismo, alegría y orgullo. Siempre me he preguntado si ese último sentimiento antes de hablar en público raya la línea entre la vanidad y el afán de protagonismo. Luego te olvidas de distracciones y tratas de hacerlo lo mejor posible. El asunto principal es que lo mejor posible no será lo que yo piense o haga, sino lo que los que me vayan a escuchar piensen al final, así que tengo que meterme en la piel de ellos.

Son muchas las veces que me subí a este escenario y el cúmulo de sentimientos era el mismo. Reconozco que la primera vez que lo hice fue cuando tenía un par de años menos que los jóvenes que me están mirando hoy desde abajo.

Fue para la fiesta de Navidad de aquel año. Nos propusieron en el centro participar y hacer alguna actuación. Por aquel entonces me llevaba bien con un grupo de compañeros que hacíamos pequeños sketches entre comedia y teatro del absurdo. No sabría decir si nos lo pasábamos mejor en los ensayos o el día que actuábamos delante del resto. No debía de salir muy mal porque al menos no nos pitaban al terminar y alguno en el pasillo después nos decía que le había gustado.

La verdad es que cuando había oportunidad de hacer alguna función o actuación nos apuntábamos varios. Al principio el miedo al ridículo era enorme, y supongo que poco a poco fue desapareciendo.

Recuerdo con cariño la última de aquellas representaciones cuando el último año del Bachiller representamos "Esperando a Godot" escrita a finales de los años 40 por Samuel Beckett.

Con el paso de los años he vuelto a leer alguna vez más aquella obra y cada vez le encuentro significados nuevos. De hecho no sé si la primera vez entendía claramente lo que el autor trató de transmitir. Hoy, sin darme cuenta, vengo para hablar sobre algo relacionado con ella.

He decidido empezar provocando. Soy consciente de que si tienes que preparar una charla para jóvenes de 17 años, un viernes a última hora del día, más vale que hagas algo diferente o estás totalmente abocado al fracaso, a ver cabezas que se agachan en los asientos, bostezos o incluso algunos ojos cerrados.

Recuerdo en este preciso momento cuando preparamos la sesión hace un mes con los profesores que coordinaban las Jornadas de Orientación para los jóvenes. Dejamos acordado los conceptos que iba a transmitir y tenía claro que tenía que esforzarme en la forma. Me gustaron las ideas que surgieron y cómo se desarrollaría el hilo conductor de la charla. Lo que me asustaba era el propio reto de llegar a un público tan exigente como el que tenía ahora delante.

Como siempre que hablas en público, por muy interesante que te pueda parecer lo que quieres transmitir, puedes fracasar absolutamente si no lo expresas de la forma adecuada. Sabía lo que quería contar y había elegido esta primera transparencia para tratar de conectar con la audiencia.

Por fin he comenzado. Estoy nervioso. Siento que me miran aunque no soy capaz de captar sus sentimientos, si son negativos o positivos ante mi presencia. Deseo estar cercano en las formas y el lenguaje, pero nos separan 30 años y dependiendo del papel que haga, puedo hacer el más absoluto ridículo.

No es la primera vez que hablo en público, me he quitado el nerviosismo antes de empezar a hablar en ocasiones anteriores, pero hoy es diferente, lo hago delante del futuro,… lo hago delante de mí y mis compañeros de 30 años atrás… lo voy a hacer.

Me vuelvo hacia ellos después de poner la segunda diapositiva. Me quedo en silencio en el borde del escenario mirándolos.

–Cuando tenía aproximadamente vuestra edad compré un libro – me paro y dejo que me miren – Por aquel entonces nos gustaba hacer actividades de tiempo libre y nos estábamos planteando ser monitores de campamentos para niños pequeños. Por ello, cuando veía un libro que luego me pudiera servir para realizar actividades con mis compañeros del colegio, para preparar alguna dinámica en el futuro con otros niños o jóvenes, trataba de comprármelo. O, la opción a veces menos onerosa para mi economía personal, que algún familiar o amigo me lo regalara para el siguiente cumpleaños.

Aquel libro se llamaba *Poster con Humor,* escrito por Herminio Otero en 1982. Me impactó, era un libro de actividades basadas en posters dibujados por diferentes personas y fue el primer libro que empecé a tener en propiedad y que luego utilizaría durante muchos años.

El capítulo 6 del libro se titulaba "*De la Huida al Compromiso*" [1] y estaba ilustrado por un dibujo de Quino de 1982. Supongo que fue el azar, pero me encontraba de pie en aquella tienda y la primera página por la que abrí el libro fue esa.

Y vi el dibujo. En una hoja en vertical con los dos tercios superiores totalmente en blanco, la vista se iba al tercio inferior donde estaba el dibujo. En él, el autor representó un mensaje muy potente con muy pocas ilustraciones. El significado que llegamos a extraer las diferentes personas que trabajamos posteriormente los ejercicios propuestos en el libro era siempre la misma: mucha gente, ante los problemas que estaban existiendo en el mundo, estaban huyendo del mismo y evitaban el compromiso para tratar de solucionarlos.

Quino había conseguido transmitir una idea poderosa con un simple dibujo que comenzó a afectar a mi desarrollo como persona joven en crecimiento. Si alguna vez pudiera hablar con él, lo primero que haría sería darle las gracias por aquel dibujo.

Me muevo hacia atrás y señalo en silencio el dibujo que está proyectado en la pantalla.

–Desde el primer momento me llamó la atención y seguí descubriendo a ese gran profesional llamado Joaquín Salvador Lavado Tejón, que con tan poco, expresaba tanto.

En aquellos tiempos cuando teníamos 17 años había un lema que algunos pintaban en las paredes: *"que paren el mundo que me apeo."* Había bastante desilusión en la sociedad, provocada principalmente por la crisis económica que se estaba viviendo en el país en aquel entonces. Se empezó a extender entre algunos jóvenes esa cultura de la huida.

Provocó un efecto importante en mí, porque he tenido ese dibujo en mi mente muchas veces a lo largo de mi vida. De hecho, de vez en cuando sigue viniendo a mi cabeza ante determinadas situaciones complicadas de la vida en las que realmente querría abandonar y huir.

Paro de hablar, me aproximo al ordenador y pongo la segunda diapositiva, donde se ve el dibujo:

Elen Lapson

Me quedo en silencio, les miro a la cara, me pregunto si he captado su atención. Espero que sí.

–Esa ha sido la razón de volver a dibujarlo pero de otra forma – señalo el dibujo proyectado en la pantalla – Entiendo que ésta es la única manera que tiene una persona de 17 años de afrontar lo que va a empezar a vivir.

Hoy no he venido a dar una charla. La intención es que vivamos juntos una experiencia. Una experiencia que nos permita dar razones suficientes a esas pequeñas personas que vemos en el dibujo y que han decidido entrar en el mundo, y no huir. Para hacer algo importante, para contribuir a mejorarlo y a cambiarlo. Porque de eso se trata; nuestra educación, que es permanente, tiene que tener como último objetivo la mejora y el cambio.

Evidentemente asumo que todos podemos tener la utopía de construir un mundo mejor, en el que no exista la pobreza y la paz sea estable. Es un

24

gran objetivo que debemos tener como ciudadanos de un mundo que está continuamente en evolución. Con el paso del tiempo nos vamos dando cuenta de que nos debemos marcar objetivos más cercanos para ir aproximándonos a esos otros objetivos globales.

Por eso hoy vamos a tratar de mostrar unas sugerencias. Por un lado, descubrir cuál puede ser nuestro primer objetivo en el trabajo que tengamos y, por otro, cómo podemos desarrollarnos para conseguirlo y estar seguros de que vamos por el camino que nos hemos marcado.

Me aproximo a la mesa y tomo dos hojas en blanco.

–Para la sesión de hoy habéis traído dos hojas en blanco – las muestro – Una de ellas es para una dinámica que haremos después. Y la otra os sugiero que la dobléis por la mitad – dejo un rato para que lo hagan – En la mitad derecha os sugiero que anotéis las ideas que os parezcan buenas de esta experiencia que vamos a vivir hoy. Y en la mitad de la izquierda, os sugiero os anotéis las citas de libros que voy a mencionar.

Lo que voy a compartir con vosotros son experiencias reales que me han sucedido a mí, a mi familia, amigos o compañeros de trabajo; alguna experiencia se me escapará con un rol que cuando tenía vuestra edad ni me podía imaginar, el de padre. Quizá algún día vosotros tengáis que jugar ese rol también.

Además compartiré con vosotros lecturas que he hecho y cómo las he aplicado a situaciones reales, porque en mi vida los libros han tenido siempre un papel muy importante.

CAPITULO 3

Tengo que reconocer que ha conseguido que le escuche. Mis compañeros también lo hacen a mi lado. Desde luego que hay diferencia entre dar una charla o vivir una experiencia. Solo espero que luego sea verdad y no esté tratando de jugar con nosotros con la dialéctica.

La explicación del dibujo de Quino y el dibujo adaptado ha sido un buen comienzo. Había visto algunos dibujos de Mafalda de viejos libros de mis padres, donde el autor es capaz de expresar muchos conceptos con unos pocos dibujos. Lo de la gente huyendo del mundo frente al grupo de jóvenes con herramientas entrando en él, tiene mucho contraste y es muy expresivo.

La ventaja de tener dos hermanas mayores tan diferentes entre sí, es que te da la visión de esas dos posibilidades que muestra en pantalla. Creo que puedo clasificar a mi hermana mayor en el grupo de los que huyen y a mi hermana mediana en el grupo de los se enfrentan a la realidad.

Veamos cómo continúa la "experiencia" como la ha llamado este hombre, porque me parece que voy a ver reflejada a mi familia.

Acaba de cambiar la transparencia y solo aparece una definición.

27

De acuerdo a Wikipedia

"En gran parte del mundo la edad
a partir de la cual un individuo
se considera plenamente capaz,
está habitualmente comprendida
entre los 16 y los 22 años"

Glen Lopsan

Veo que espera que la terminemos de leer para continuar con su explicación.

–Es decir, con 16 años se comienzan a tener una serie de derechos y obligaciones nuevos – nos mira en silencio durante un rato y continua – Casi siempre se habla de 18. La mayoría de los estudiantes se acuerda de los 17 por la presión que todo el entorno familiar, educativo y la propia sociedad transmitía ante el siguiente reto, universitario o laboral. Los 17 suelen ser considerados la edad de "un año para los 18", cuando ya cambiamos como persona, tenemos más derechos, más obligaciones ...

Es un momento en el que surgen planteamientos de futuro, preguntas y sobre todo curiosidad por lo que viene después… Pero no se acaba allí, con el paso de los años, volvemos una y otra vez a planteárnoslo, a hacernos preguntas y, aunque algunos lo hayan perdido, deberíamos mantener esa curiosidad por el futuro.

La *sugerencia* de esta experiencia (y quizá alguna vez la escriba en un libro) es para los que hoy tienen 17, para los que los tuvieron y al menos cada diez años decidan volverse a preguntar lo mismo a los 27, a los 37, a los 47, …. Y para todos aquellos que en algún momento se han planteado huir como en el primer dibujo de Quino que he descrito y siempre quisieron plantearse el segundo.

–Da igual cuál sea vuestra decisión en los próximos años, si continuar estudiando o incorporaros al mundo laboral. Para las dos opciones, hoy os traigo las mismas sugerencias.

Me pregunto si mis hermanas asistieron a una charla similar cuando tenían mi edad actual. Me pregunto cómo dos personas educadas en las mismas condiciones familiares han podido salir tan diferentes. Les debería decir lo que comenta este hombre, que cada 10 años revisen si están haciendo lo que querían y debieran hacer. Lo cierto es que cuando ellas me dan sus consejos, me hablan desde mundos diferentes… o quizá desde visiones del mundo diferentes.

Veo que el conferenciante mira hacia lo lejos como si estuviera tratando de recordar el pasado. Sin confirmar si le estamos mirando o no, comienza a hablar de nuevo.

–Os cuento una experiencia personal:

Experiencia 1: Cita de jóvenes

El 19 de marzo de 1983 cinco jóvenes de entre 16 y 17 años habían salido de travesía por la montaña a unos 100 km de distancia de esta ciudad. Eran las 3 de la madrugada de la segunda noche de la excursión. Estaban hablando acurrucados dentro de los sacos de dormir en la tienda de campaña. Habían estado caminando los dos días entre recorridos que unen varios pueblos de la zona elegida. Toda la actividad formaba parte de un programa de entrenamiento.

La experiencia que vivieron fue única, porque casi no se conocían antes de emprender la marcha, y al terminar consiguieron estar muy unidos. El principal problema fue la nieve que no esperaban y todo lo que ocurrió después.

Pero lo importante fue que aquella segunda noche, cuando no podían dormir por el frío, estuvieron hablando de cómo serían de mayores. Tal fue la unión que les supuso la situación que en la intimidad comenzaron a hablar de su futuro. Todos tenían muchas ilusiones y proyectos para realizar. Uno se veía de empresario, otro en el ejército, otra de jefa de una peluquería, otros no se habían planteado a nada, y así compartieron las expectativas de un futuro venidero.

Al final, y en medio de la situación de presión y dificultad que finalmente superarían todos en grupo, tomaron una decisión: encontrarse dentro de 17 años para ver cómo les había ido la vida. El día 1 de enero del año 2000 se encontrarían todos en un sitio concreto del centro la ciudad donde vivían.

Lo cierto es que 30 años después todavía recuerdo aquel momento. Para mí fue único, porque la situación que vivimos fue especial, pero nunca olvidaré cuando los cinco llegábamos a la estación del tren del pueblo final. Estábamos cansados, bastante sucios después de tres días de andar llevando mochilas y tiendas de campaña, orgullosos de lo que habíamos hecho, unidos y sobre todo llenos de ganas de coger ese tren que justo en ese momento veíamos que venía desde las montañas y que se iba a parar en la estación donde estábamos. Siempre que posteriormente he oído la metáfora (y yo la utilizo mucho) de coger ese tren que pasa por tu vida, no dejo de recordar aquel momento.

Pero tengo que confesar que 17 años más tarde no acudí a la cita.

Muchas veces pienso en ello, me pregunto si acudió alguno de ellos, me pregunto qué habrá sido de sus vidas. Al cabo de unos años perdimos el contacto por las propias circunstancias de la vida, aunque he podido seguir, a través de encuentros con conocidos comunes, la vida de alguno de ellos. Sé que alguno está bien, aunque no tengo información de todos. Con una, que de hecho se casó con un compañero de universidad, nos encontramos casualmente años posteriores y recuerdo la alegría en nuestras caras cuando nos vimos. Pero lo cierto es que en ese encuentro no nos preguntamos si habíamos acudido a esa cita 17 años después.

He recordado esa experiencia vital muchos años, sobre todo esos años en los que estuve trabajando voluntariamente como educador en el tiempo libre con jóvenes de 17 años. La he recordado cuando estudiaba, incluso en muchos momentos de mi vida laboral. La he vuelto a recordar esta mañana cuando entraba al centro para esta sesión, y, sobre todo, sabiendo que siempre viene un tren y si estamos en esa estación donde pasa, tendremos la elección de subirnos en él o no hacerlo.

No acudí a la cita. Pero nunca dejé de pensar en las ilusiones y lo cargados de vida que estábamos con 16 y 17 años. Esa reflexión me hizo revisar todas las experiencias y momentos vividos desde entonces. De ese repaso, aparece todo lo que hoy compartiré con vosotros. Me considero afortunado de haber vivido todo lo que viví, me considero afortunado de haber vivido cada minuto de mi vida, algunas veces en soledad y otras, acompañado. Porque tengo que confesar que hoy con 47 años tengo tantas o más ilusiones que cuando tenía 17, tantas o más ganas de vivir la vida que me espera.

–Es precisamente el objetivo de la experiencia de hoy. Cualquiera que sea la razón por la que has venido, lo que queda claro es que por tu vida han pasado, pasan y pasarán trenes. Lo importante serán las actitudes y las aptitudes que tengas y hayas cultivado, las que influyan en si coges el tren, qué haces dentro del tren, si te apeas posteriormente o, incluso buscas otros trenes para cambiarte.

Y muchas veces, tenemos que ser conscientes de nuestro presente, tenemos que ser conscientes de si realmente va a pasar un tren o estamos en la vía equivocada.

Ha dejado de hablar y se dirige de nuevo a su ordenador. Se gira, nos mira en silencio y como si pensara que no le vemos, presiona el botón del ratón y se cambia a la siguiente diapositiva: [2]

DIAPOSITIVA 4

Herminio Otero (1982)
Posters con humor. Editorial C.C.S.

33

CAPITULO 4

Espero que les haya causado la misma sensación que tuve cuando vi por primera vez este dibujo de Javi en el libro de *Posters con Humor* que he mencionado antes, con el joven esperando en la vía del tren. Cada año que ha pasado nos damos cuenta de que hay mucha gente que sigue con esa actitud de espera inútil. "¡QUE NO VA A PASAR!" me dan ganas siempre de gritarle al joven del dibujo.

¡QUE NO VA A PASAR! habría que decirles a muchas personas que no hacen nada para cambiar, esperan y esperan que algo cambie sin hacer nada, y muchas de ellas cuando llegan los problemas se dedican a buscar culpables a su alrededor y a justificar su "mala suerte". Por supuesto que a veces lo que nos ocurre no depende de nosotros, lo que tenemos que descubrir son las otras veces en las que sí depende y nuestra actitud no es activa.

Por ahora no veo caras de aburrimiento, así que trataré de utilizar un lenguaje más llano para seguir manteniendo su atención.

–"Hijo mío, tienes 17 años y lo más importante que tienes que hacer es estudiar" – continúo – ¿Cuántos de nosotros hemos escuchado esta frase? y sobre todo, ¿cuántos de los que tenemos hijos se la hemos repetido? o incluso ¿cuántos de los que tienen hijos están pensando en decírsela?

Lo cierto es que la frase es absolutamente acertada, un joven de 17 que tenga recursos y una situación que le permita hacerlo, tiene que estudiar. Y no solo estudiar para aprobar, tiene que estudiar para aprender.

A esa edad muchas veces, no se sabe muy bien por qué o para qué. Para eso están los padres y profesores para recordarlo. Quizá lo único que se ve delante de la persona cuando está estudiando, son los libros. A veces solo se ve el texto de la asignatura que corresponda. A veces se pierde la realidad, no se encuentra el "puente" que une lo que se estudia con la vida misma.

Está claro que la "línea base" de un joven de 17 es estudiar al máximo para aprender y lo que también es claro es que necesita ver y comprender la utilidad (palabra que utilizaré más adelante para comentarla) de lo que estudia.

Aquellos que habían ayudado a sus padres o madres en casa con arreglos de electricidad, o incluso aquellos que por iniciativa propia habían hecho experiencias de electricidad o electrónica como afición, eran los que hacían las preguntas más interesantes en clase de Física. No solo para aprender la asignatura, sino también para poner en práctica luego lo aprendido.

Los que habían practicado música aprendiendo a tocar instrumentos o simplemente solfeo, tenían mucha facilidad para las matemáticas al haber incrementado su capacidad de visión y razonamiento abstracto.

Y desde luego los que llegaban a los 17 años con una actividad y afición deportiva intensa, solían interesarse mucho más por la asignatura de biología. En algunos casos traían los temas de anatomía estudiados y en otros necesitaban entender cómo se habían producido o se podían solucionar algunas lesiones que conocían.

Es decir, estudiar sí, mucho, y sobre todo buscando los paralelismos con la vida.

Me aproximo al ordenador y cambio la siguiente diapositiva:

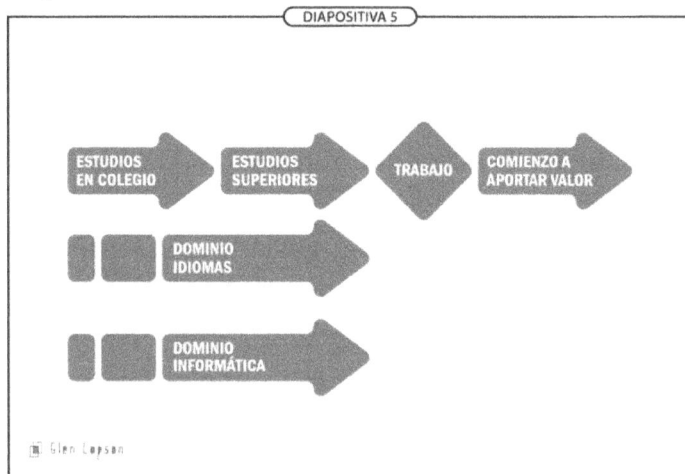

Dejo un par de segundos y me aproximo al borde del escenario para crear cercanía con ellos.

–Con 17 años toca pensar en el después. Si vemos las opciones reducidas a dos: estudiar o trabajar, no podemos olvidar la tercera, que es una combinación de ambas. En cualquiera de los casos, es importante comenzar a diseñar un plan.

Cuando teníamos 17 y nos planteábamos esa disyuntiva, mirábamos a los que ya habían superado esa fase e incluso habían terminado parte del camino de formación y ya se habían incorporado al mundo laboral.

El dibujo que tenéis delante representa la evolución que vimos los de mi época. Cuando analizábamos a los mayores, es decir, los que en aquel entonces tenían 10, 20 o 30 años más que nosotros, veíamos que se habían movido en un esquema de: estudio lo que me gusta (universitario o no) y luego encuentro trabajo de lo que me gusta.

La situación fue cambiando, y ya en nuestra época, el paradigma era otro: cuando salías al mercado laboral se nos exigían estudios, idiomas y dominio de informática.

Y aquí ya empezaron los problemas, porque poco a poco la situación hacía que el mercado laboral fuera más competitivo. Algunos no encontraban trabajo de lo que habían estudiado. Algunos aceptaban el cambio y se preparaban, otros seguían esperando como el joven anterior en la vía muerta.

Muchas veces me he sentido como un testigo de mi propio tiempo. Me gusta observar, no por la mera ansia de curiosidad sino por el hecho de ver lo que se puede aprovechar en el futuro de lo que sucede en el presente o sucedió en el pasado. De hecho, mientras estudiaba en la universidad y observaba a los que iban terminando, ya se veía que el modelo anterior comenzaba a fallar. Me vienen recuerdos de mucha gente, sobre todo de los que vieron el cambio a tiempo y comenzaron a adaptarse.

Cuando intentábamos acceder al mercado laboral los de mi generación y los de años posteriores, la situación hacía que mucha gente comenzara a sentirse frustrada porque sentían que habían hecho todo lo que les habían dicho y no conseguían el trabajo que habían soñado, el trabajo que al principio les habían prometido.

SE HABÍA HECHO TODO LO REQUERIDO Y LA SOCIEDAD NO ESTABA DANDO LO QUE SE LE EXIGÍA.

La Sociedad aparecía como la culpable... Esto ha seguido ocurriendo.

Algunos se frustran, otros aprenden, se adaptan, y hay muchos que se quejan y exigen a la Sociedad que les de trabajo.

En ese aprendizaje, muchos han visto que el paradigma ha cambiado. Ahora la exigencia ya no es a la Sociedad. La gran mayoría ha decidido dejar de culpar a la Sociedad y pasar a la acción. La exigencia es a uno mismo porque es la Sociedad la que está demandando. El nuevo modelo exige estudios, inglés, informática y… "algo más".

Y esto, es un hecho. Lo cierto es que cuando salimos al mercado laboral tras los estudios universitarios la gente de mi generación ya nos hacíamos preguntas por ese "algo más". Con el paso de los años, ha llegado a ser una exigencia. Cuando en una entrevista de trabajo se le pregunta al candidato qué aporta aparte de los estudios, es importante que exista una respuesta.

Y esa respuesta es lo que os vengo a traer hoy: EMPEZAD A PREPARARLA CON 17, NO DEJÉIS DE HACERLO Y EVALUADLO CADA 10 AÑOS.

Experiencia 2: Entrevista personal, montaña

Recuerdo que en una de las entrevistas que mantuve como candidato a un puesto de trabajo, la gerente que me entrevistaba, en un momento concreto del encuentro, me preguntó sobre mis aficiones. Yo en aquel entonces practicaba la escalada y el montañismo con bastante más intensidad con la que lo práctico actualmente. Simplemente como aficionado, nunca grandes hazañas, pero siempre tratando de hacer un poco más en cada nueva salida. Siempre me ha gustado y me sigue gustando.

Mi respuesta fue bastante humilde pero la debí hacer con tal tono de seguridad que su segunda pregunta, todavía en un tono muy distendido, era conocer cuál había sido la última montaña que había subido. Seguí contestando en un tono todavía muy tranquilo y mencioné una de las montañas de más de tres mil metros que habría subido en aquel entonces en los Pirineos. Cuando me miró de nuevo a los ojos y con más seriedad, me preguntó sobre la ruta de ascensión que había utilizado. Comprendí que sus

---

preguntas y mis respuestas estaban dentro de un estrategia clara para conocerme y analizar si ese "algo más" era verdadero y tenía valor.

Al salir de la entrevista me iba tranquilo, mientras recordaba cómo la respuesta que le di a aquella mujer implicó que ella misma estuviera mucho más amable a continuación. Resultó que ella también era montañera y cuando hablaba, lo hacía con pasión. El resto de la entrevista solo hablamos de montaña. Pero no de montañas. Hablamos de cómo se organizan las salidas, excursiones, las rutas. Qué problemas se suele tener con los compañeros de cordada/montaña, presupuestos, recursos necesarios y estrategias de ascensión más acertadas.

¡Me había analizado como persona desde mi afición!

–Al analizar hoy el tema que os he venido a exponer, trato de aportar desde la experiencia de mis seres cercanos y desde la mía propia cuando me presentaba a procesos de selección de personal, y de mi propia experiencia en selección de personal tanto en organizaciones de voluntariado como en empresas multinacionales de mi profesión principal.

En todas las entrevistas, cada candidato trata de venderse a sí mismo (como todos hacemos cuando nos toca). Cada uno trata de vender lo mejor de sí mismo. Como siempre son procesos competitivos, trata también de distinguirse de los demás candidatos.

En esta diferenciación muchas veces ese "algo más" es lo que puede marcar la diferencia. Pero, ¿qué se busca con el "algo más"?

Me paro, dejo silencio, trato de que surja la curiosidad. Ahora viene la parte más importante del mensaje que traigo. Tengo que hacerlo bien para conseguir darle la importancia que tiene. Si lo describo todo desde un plano teórico creo que no conseguiré el objetivo, debo dar ejemplos y los estoy dando. Espero no estar mencionando demasiados, no quiero que piensen que sólo vengo a hablar de mí mismo. He estado en charlas en las que el conferenciante exageraba hablando de sí mismo y al final yo me ponía una coraza impermeable a todo lo que contaba a continuación. Dejo esos pensamientos a un lado, cambio de diapositiva.

APORTAR VALOR

Glen Lopson

Permito un segundo de lectura y con gran entusiasmo en mi voz e incluso acercándome hacia ellos levantando las manos, lo digo.

–¡ESTA ES LA CLAVE: APORTAR VALOR!

¡ESTA ES UNA DE LAS PROPUESTAS QUE OS TRAIGO HOY: DEBEMOS APORTAR VALOR! Lo cierto es que la respuesta es común en todos los sectores y organizaciones. Lo que se busca es qué va a poder hacer esa persona para APORTAR VALOR a la empresa, organización, asociación o grupo al que está pretendiendo incorporarse. Y si esa organización no valora el concepto de Aportar Valor en el proceso de selección, (como puede ocurrir en trabajos a los que se accede a través de una mera prueba escrita o un examen), a lo largo de la trayectoria posterior, el individuo será analizado por esa contribución.

42

CAPITULO 5

Me parece que en este último rato se ha extendido contando anécdotas, aunque si son reales como él dice, ayudan a explicar lo que está tratando de contar. "¿Aportar Valor?", he oído esta frase varias veces, y siempre lo asociaba con el mundo de la empresa, especialmente con cosas materiales, nunca me lo había planteado a nuestro nivel. Ahora cambia de diapositiva:

DIAPOSITIVA 7

Hay que empezar a preparar ya
qué vas a poder contestar en ese momento.

¿Y si ese momento es dentro de dos años porque
por necesidades familiares/personales tienes que
empezar a trabajar? ¿Y si es ya?

¿Tú qué vas a aportar que sea diferente?

¿Qué valor vas a aportar?

Glen Lupson

Le acaba de dar un cambio importante a la charla.

Me parece que me ha leído el pensamiento porque justo ahora se acerca al lado izquierdo del escenario y medio agachándose con voz suave comienza de nuevo a hablar.

–Aquí se abren dos vertientes: por un lado, un joven de 17 años tiene que comenzar a pensar qué respuesta va a dar cuando años más tarde (O PUEDE QUE AL DÍA SIGUIENTE) en una entrevista de trabajo le pregunten por ese "algo más", o él mismo si decide iniciar un camino propio tendrá que saber ese "algo más" que va a aportar con su empresa o idea.

Es decir, qué puede hacer ella o él para Aportar Valor a la organización o al grupo. Por otro lado, una persona con 27, 37, 47,… muchas veces es analizada por el grupo por su capacidad para Aportar Valor de un modo continuo.

Pero ¿Cómo se aporta valor?

Acaba de callarse y deja de mirarnos. Se pasea linealmente de un lado a otro del escenario en silencio. Mi compañera de la derecha me mira y se encoge de hombros. Yo hago lo mismo. El conferenciante se para, nos mira y continúa.

–La respuesta a la pregunta es muy fácil contestarla para los que hacen deporte. Todo aquél que practica una actividad deportiva, sea con partidos o con ascensiones a una montaña, sabe que si el día del partido o el de la ascensión llega sin haber entrenado, no va a poder rendir lo que necesita. Una parte importante del éxito de la actividad deportiva está en el entrenamiento, en la preparación.

En el caso de Aportar Valor, es muy parecido. Si un joven realiza sus estudios universitarios o no universitarios, y accede al mundo laboral, y es en ese momento cuando tiene que empezar por primera vez a Aportar Valor, es muy probable que no lo consiga, o tarde mucho en conseguirlo.

Aportar Valor no es algo que surja por generación espontánea. Y desde luego, durante el proceso de selección de personal será muy difícil que pueda demostrar algo en ese ámbito.

Por lo tanto, parece razonable pensar que si un joven de 17 pretende dentro de unos años Aportar Valor en el mundo profesional, debería estar "entrenándose" en Aportar Valor a su edad y no dejarlo.

¡Hay que empezar a preparar ya lo que vas a poder contestar en ese momento!

¿Y si ese momento es dentro de dos años porque por necesidades familiares o personales tienes que empezar a trabajar?

¿Y si es ya?

¿Tú qué vas a aportar nuevo?

¿Qué valor vas a aportar?

¿Cómo te vas a entrenar para aportar valor?

Se acerca al ordenador y cambia la diapositiva.

DIAPOSITIVA 8

¿CÓMO PODRÉ APORTAR
VALOR?

FORMÁNDOME

ENTRENÁNDOME
EN APORTAR
VALOR DESDE YA

–Queda muy claro que la Formación, al menos a esa edad y en años posteriores, es la principal fuente de conocimiento y experiencia para Aportar Valor en el futuro. Es decir, estudiar es muy importante, hay que esforzarse al máximo no solo para aprobar exámenes, sino también para comprender y aprender. Desde luego será más fácil si se estudia tratando de aplicar lo aprendido a temas reales dígase del presente, del pasado o del futuro.

Experiencia 3: Tiendas de campaña

Recuerdo que al principio de la etapa universitaria colaboraba en un grupo de tiempo libre en el que se organizaban actividades con niños y jóvenes. En aquellos días uno de los problemas que teníamos era el excesivo tiempo que invertíamos en pequeñas y grandes reparaciones en las tiendas de campaña para las excursiones que debíamos gestionar. Era un número importante de tiendas, pero lo grande, variable y cambiante, eran las reparaciones que había que hacer durante el año para que estuvieran preparadas cuando eran necesarias. Para ello teníamos que utilizar grandes listas de papel que se iban modificando y luego tirando a la basura.

Por aquel entonces, dos de los monitores estaban estudiando programación informática y fue entonces cuando se les ocurrió utilizar programas de Bases de Datos y utilizarlos para esta gestión. En aquel momento fue un hecho muy relevante para un grupo pequeño como el nuestro, algo que nos permitió ahorrar mucho tiempo y dinero.

Hoy en día es difícil de entender dado que cualquiera puede crear una base de datos con cualquiera de las aplicaciones existentes, pero en 1986 no era tan usual. La enseñanza de aquello fue que era posible aplicar lo que estudiábamos a lo que hacíamos en nuestro tiempo libre, y por supuesto una gran motivación para seguir estudiando "cosas útiles".

Es difícil entenderle porque actualmente eso es muy fácil con los programas que utilizamos. Posiblemente alguien habrá preparado un APP para solucionar ese asunto. Entiendo el concepto que comenta pero me cuesta verle la importancia, supongo que, como él dice, en aquellos tiempos fue difícil.

Me he distraído y me he perdido parte de lo que dice. Vuelvo a prestarle atención:

–...vas a aportar los conocimientos y las habilidades que te haya dado la Formación que hayas adquirido con los estudios que hagas.

El Entrenamiento en Aportar Valor es el segundo aspecto que todo joven debería tener presente en cada momento en esa preparación para el futuro.

Todo lo que empieces a hacer hoy puede ir creciendo, puedes conocer gente que te aporte y a los que tú aportes. Gente a la que hayas ayudado o con los que hayas hecho negocios o compartido actividades. Simplemente ese concepto da valor y luego a nivel profesional, además, puede fortalecer tu desarrollo y el de tu grupo.

<u>CONCLUSIÓN</u>:
ENTRENARSE EN APORTAR VALOR

CAPITULO 6

Era el concepto más importante que traía hoy y espero haber captado su atención porque luego tengo que unirlo con la segunda parte de la sesión. Lo que tengo que conseguir ahora es que no se malinterprete el concepto de Aportar Valor. Alguien podría pensar que es una visión absolutamente utilitarista de la gente, y si alguien no aporta valor, no es digno de la Sociedad. Es absolutamente opuesto a lo que quiero transmitir, así que tengo que dar rápidamente los argumentos apropiados.

Me dirijo al extremo del escenario, bajo el tono de voz, espero que me miren y continúo:

–Pero, ¿qué es eso de Aportar Valor? y lo más importante ¿dónde puedo Aportar Valor hoy?

Cuando hablamos de Aportar Valor debemos tener en cuenta que nos referimos tanto a aptitudes que hemos ido adquiriendo en nuestra formación y en actividades que hemos ido realizando a la vez y, sobre todo, a actitudes: cómo nos comportamos, no sólo es lo que los demás ven de nosotros, sino también lo que además podemos conseguir que otros valoren de nosotros porque contribuimos a alcanzar algo positivo en el grupo en el que nos encontremos.

Hemos visto compañeros que colaboran en actividades en el Colegio, Instituto, temas deportivos, temas culturales, musicales, en ONG´s, en temas de asociacionismo juvenil, en política, en trabajos que permiten mantener el nivel de estudio y en la propia familia. Hay jóvenes que con 17 años aportan valor en sus propias familias, manteniendo la alegría, ayudando en el día a día, proponiendo y organizando actividades familiares e incluso cuidando mayores o enfermos.

Experiencia 4: Joven con compromiso en casa

Nunca podré olvidar a una compañera de clase que tenía a su madre enferma. No era autónoma por sí misma, necesitaba que le hicieran todo. Era la cuarta de cinco hermanos, y por temas de organización familiar, recuerdo que cuando nos veíamos por la mañana a primera hora, ella ya llevaba varias horas levantada ayudando en casa porque antes de venir a clase tenían que dejar todo preparado para su madre. Como ella me ha dicho hace pocos días: "había que organizarse y sacar tiempo."

Su madre continuó muchos años en esa situación, según me contó años más tarde cuando nos encontramos por la calle. De hecho, durante la etapa universitaria había ciertos períodos del año que requerían un esfuerzo mayor y ello suponía robar algunas horas al sueño también por la mañana antes de comenzar su jornada de estudiante.

–Lo que sí está claro es que si la financiación de mi formación no está asegurada, lo primero será asegurarla. Hay muchas personas que no se pueden plantear el estudio como actividad única y principal, sino que tiene que ser complementada con un trabajo remunerado.

Me acerco al ordenador y cambio a la siguiente transparencia:

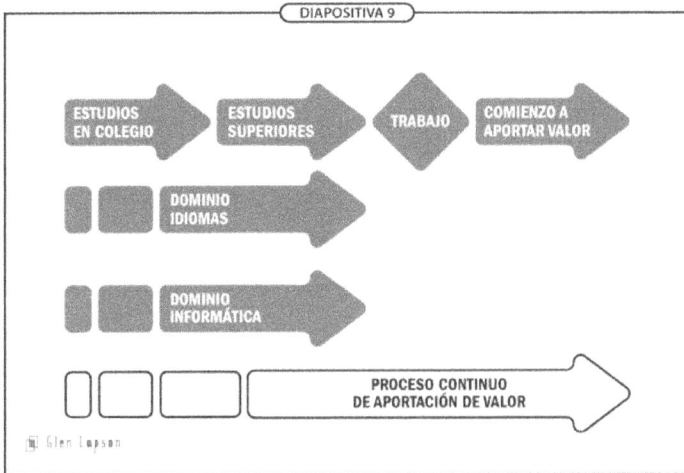

Ha llegado el momento. Soy consciente de que ahora doy un giro importante a la sesión. Tengo que hacerlo bien, tengo que expresarlo adecuadamente. He decidido hacerlo desde la propia experiencia porque ya son muchos años involucrado en grupos y organizaciones, en los que he aprendido mucho, y llega el momento de contarlo.

–¿Cómo Aportar Valor? ¿Cómo entrenarme en Aportar Valor?

La propuesta que os traigo hoy es vigilar tu evolución en **7 CAMPOS DE CULTIVO**.

Hace tiempo las llamaba las 7 áreas de desarrollo personal, pero me gusta más que sean campos en los que tengo que sembrar, que están influenciados por lo que ocurra en el entorno, que hay que cuidar, en los que puedo cosechar, y sobre todo, tras recoger la cosecha, repartir, compartir o "vender".

Siempre que hago entrevistas en procesos de selección procuro ver a la persona dentro de cada uno de esos Campos. Cada uno puede tener su propia técnica, hoy comparto con vosotros la mía.

Sobre todo, porque son Campos que consciente o inconscientemente trabajamos día a día, y en nuestras relaciones dentro de las Organizaciones, voluntarias o empresariales, nos relacionamos con otros que también trabajan dichos Campos.

Si vas a crear un grupo o unirte a uno existente y quieres emprender un proyecto que se proyecte al futuro, te recomiendo que te mires a ti y a los otros dentro de estos **7 CAMPOS DE CULTIVO.**

Al acercarme de nuevo al ordenador cambio la transparencia.

Glen Lupson

   –Y este era el segundo secreto que quería descubrir hoy. Primero hemos hablado de la necesidad de Aportar Valor y entrenarnos desde los 17, y ahora descubrimos que hay SIETE CAMPOS DE CULTIVO a tener en cuenta en nuestro desarrollo.

   Pero antes de avanzar en la presentación, vamos a hacer algo diferente. Todos habéis traído una hoja en blanco. Os voy a pedir que la pongáis delante y toméis un bolígrafo. Vamos a hacer un ejercicio especial.

Muestro en el extremo del escenario la hoja en posición vertical.

   –En primer lugar tenemos que poner la hoja en vertical y trazar una línea horizontal de lado a lado y que la divida en dos partes iguales. El ejercicio tiene dos partes. En la primera os voy a dar diez segundos, y en ese tiempo tenéis que hacer todos los puntos que podáis, marcando con el bolígrafo en la parte superior.

Dejo un momento de silencio y continúo. Si estáis todos preparados, comenzamos… ¡Ya!

Cronometro los diez segundos. Todos comienzan a hacer puntos con el bolígrafo en la parte superior de la hoja muy rápidamente. Cuando terminan, grito:

–¡Basta!, ya podéis dejar los bolígrafos.

Dejo que se miren unos a otros manteniendo la curiosidad sobre el objetivo del ejercicio y vean que todos han hecho algo parecido.

Espero a que se callen y me miren.

–Ahora tenéis que contar cuántos puntos habéis hecho. El número que os salga lo apuntáis en la parte superior derecha de la mitad superior de la hoja redondeado con un círculo.

Vuelvo a dejarles tiempo para que lo hagan, y cuando veo que casi todos están de nuevo callados esperándome, continúo:

–Muy bien. Ahora viene la segunda parte del ejercicio.

Tomo una actitud más seria y elevo el tono de voz en las indicaciones de esta segunda parte.

–Ahora os voy a dejar el mismo tiempo de antes, diez segundos, y tenéis que estimar cuántos puntos podrías hacer si... – en ese momento me pongo a hablar en voz cada vez más alto, casi gritando – ...LO HICIÉRAIS TODO LO RÁPIDO QUE PUDIÉRAIS, COMO SI TUVIÉRAIS LA

MÁXIMA PRESIÓN POR HACERLO Y ALGUIEN OS ESTUVIERA GRITANDO Y RIÑENDO SI NO LO HACEIS MÁS RÁPIDO QUE OTROS.

Me callo un momento. Noto que se han quedado serios con la actitud que he tomado, y bajando el volumen de mi voz, mientras me quedo parado en el borde del escenario, continúo hablando en voz mucho más baja.

—Anotad por favor esa estimación en la parte superior derecha de la mitad inferior de la hoja y redondeadla.

Cada uno en silencio hace sus propios cálculos y anota el número, no se miran entre ellos, cada uno el suyo. Cuando veo que casi todos han terminado y me están mirando, continúo.

—Perfecto. ¿Estáis preparados?

Oigo un ¡Sí! general, y noto que todos están con ganas de retarse a sí mismos. Con el bolígrafo preparado en una mano, miran con pasión esa segunda mitad de la hoja que en este momento está vacía.

—¡YA!

Vuelvo a dejar los diez segundos, oigo el movimiento insistente de todos los bolígrafos impactando rápidamente en las hojas de los jóvenes que hoy me recuerdan lo que yo hacía 30 años atrás. Al acabar grito:

—¡BASTA! Ya podéis dejar los bolígrafos y ya os imagináis lo que tenéis que hacer ahora.

Sin contestarme y en silencio, veo cómo están contando los puntos que han hecho en la parte inferior de la hoja, sin que yo les haya dicho nada.

–Ahora tenéis que anotar los puntos que habéis hecho en la parte derecha inferior de la mitad inferior que habéis utilizado para hacer los puntos. Cuando hayáis terminado, comentad por favor con el resto de compañeros lo que habéis hecho.

CAPITULO 7

Esto se parece a esas dinámicas que a veces nos hacen en alguna sesión. No la conocía y me parece muy interesante. Cuando ha dicho que hagamos puntos en la hoja me ha parecido un poco ridículo, pero nos hemos mirado entre las amigas, hemos levantado los hombros y sonreído como si no tuviéramos nada que perder; ya puestos a hacer el ridículo, lo haríamos todos juntos, con lo cual se notaría menos.

Después de lo que hemos hecho, queda claro que el conferenciante va a tratar de resumir y buscar las enseñanzas de la actividad. Nos está mirando y espera que nos callemos. Desde que ha empezado con la actividad me he preguntado qué pretendía con ello. Siempre me hago la misma pregunta. No me gusta hacer las cosas sin tratar de tener claro para qué sirven o al menos adivinar o intuir el objetivo.

Cuando ha dicho la segunda vez que nos iba a dar el mismo tiempo para hacer los puntos en la parte de abajo, me ha parecido intuir el porqué de todo esto. He hecho lo que pensaba que debía ser, pero ahora que observo a mis compañeros cercanos, veo que he hecho algo diferente al resto.

−¿Estáis conmigo?

Las palabras del conferenciante me han sacado de mis pensamientos y me han devuelto al ejercicio. Veamos cómo sigue, porque me parece que lo he hecho mal, ¿seré la única que ha tomado esa decisión?

–En primer lugar – continúa el conferenciante – os agradezco el interés en el ejercicio que os he planteado. Os lo habéis tomado muy en serio y os aseguro que eso se agradece mucho. No tengo ninguna duda de que sois un grupo que se toma en serio todo lo que hace.

Hace una pausa, se vuelve hacia la parte trasera del escenario, toma una silla que le habían dejado, la lleva al borde del escenario para estar más cerca de nosotros y se sienta mirándonos, con una leve sonrisa.

–Todos habéis contado los puntos que habéis hecho en la parte de arriba. Luego habéis estimado los que ibais a hacer en la de abajo. Os hago una pregunta ¿Cuántos han hecho en la parte de abajo un número similar al que habían estimado?

Todos nos miramos entre nosotros, y comenzamos a levantar la mano. Cuento las que están levantadas y me parece que sólo la mitad hemos hecho prácticamente lo que habíamos estimado que íbamos a hacer.

–Viendo las manos levantadas – continúa el conferenciante – me surge la pregunta: la otra mitad del grupo ¿habéis hecho más o menos que lo que habíais estimado?

Rápidamente se oye que casi todos los que no habían levantado la mano dicen:

–¡Menos!

–¡Más!

Se producen algunas risas entre nosotros, pero enseguida nos callamos para escucharle.

El hombre sigue sentado mientras nos mira con esa leve sonrisa de antes.

—Es interesante. Cada uno se tendrá que valorar a sí mismo.

Deja un poco de silencio para que bromeemos con el comentario y luego sigue hablando:

—Pero me interesa que hablemos de otra cosa. ¿Cuántos de vosotros habéis estimado que ibais a hacer menos puntos que los que habéis hecho en la primera mitad?

Nadie contesta. Yo tampoco.

—Bien, eso es bueno. Y ahora la pregunta, ¿Cuántos habéis puesto en la estimación muchos más puntos que los que hicisteis en la primera mitad?

Se produce mucho murmullo, risas y muchas manos se alzan. La mía no. Mi posición se ha camuflado en el grupo.

—¿Por qué habéis puesto más puntos en la estimación?

Se produce un pequeño silencio y poco a poco los compañeros comienzan a decir en voz alta el mismo comentario:

—¡Porque nos ha dicho que teníamos que ir con todas nuestras fuerzas y al límite!

—¡Porque nos ha gritado! ¡Porque siempre se puede hacer mejor!

Me estoy empezando a sentir nerviosa. Me parece que esto se me va a complicar delante de los compañeros como haga la pregunta que creo va a hacer ahora. Es posible que haga el mayor de los ridículos, o es posible lo contrario, pero me parece que lo que no es posible es que no suceda nada. Y justo en este momento llega lo que no quería que llegara.

−¿Cuántos de vosotros habéis puesto en la estimación los mismos puntos que habíais hecho en la primera parte? − termina de decir el conferenciante y nos mira a todos.

No me esperaba que ocurriera esto y no sé qué hacer. Soy una persona tímida y creo que no me merezco lo que está pasando. Miro hacia las filas de atrás y ninguno levanta la mano, en las filas delanteras tampoco lo ha hecho ninguno. No estoy preparada, no quiero hacerlo... Noto que mi compañera de la derecha se ha dado cuenta de mis puntuaciones y me está mirando. No tengo más remedio. Lo tengo que hacer. Finalmente levanto la mano.

El conferenciante me mira mientras revisa si hay más manos levantadas. Cuando por fin evidencia que solo soy yo, me mira fijamente.

−¿Podrías decirnos por qué?

Soy incapaz de abrir la boca, estoy muerta de vergüenza. No sé si es mejor adelantarme a hablar la primera o...

−Pues... − comienzo− ...he puesto el mismo número de puntos porque la primera vez ya había ido al máximo de mis capacidades, cuando Ud. dijo que lo hiciéramos lo más rápido que pudiéramos.

El conferenciante me mira serio. Se produce un momento de tensión en el Salón de Actos porque nadie habla. Menuda vergüenza tener que hablar delante de los compañeros porque he hecho algo diferente al resto.

Continúa el silencio en el Salón. El conferenciante se levanta de la silla, me mira, y de repente, su rostro se ilumina de una manera increíble al descubrir los dientes mientras sonríe abiertamente.

–Es increíble – comienza a decir mientras se mueve como nervioso en el escenario– he hecho este ejercicio muchas veces con jóvenes, e incluso lo he hecho en equipos de trabajo de personas en torno a los 30 años, ingenieros y licenciados ... – se queda callado y continúa – y nunca me había ocurrido esto.

Ahora sí que no sé dónde meterme. He quedado en evidencia delante de todos los compañeros. Aunque la sonrisa que está mostrando me hace prepararme para lo siguiente.

–No hay una respuesta única para las conclusiones de este ejercicio – comienza diciendo – solo os contaré un hecho y vosotros mismos me comentáis lo que pensáis.

El silencio sigue siendo total en la Sala y el conferenciante se aproxima al extremo del escenario, supongo que para que le prestemos más atención.

Experiencia 5: Prueba selección personal, los puntos

En diciembre de 1985 seis jóvenes de entre 18 y 19 años se presentaron a unas pruebas de selección para un puesto de trabajo administrativo de un banco. Las pruebas consistieron en unos test psicotécnicos y en este ejercicio.

Al salir de las pruebas los jóvenes compartieron lo que habían hecho en el ejercicio. Se evidenció que solo uno de ellos había puesto el mismo número de puntos estimado que pretendía hacer en la segunda parte, frente que los que había hecho en la primera.

Se queda callado. Me encanta cómo controla los silencios este hombre. Volvemos a estar todos escuchándolo. Y supongo que si alguien viera mi cara, pensaría que soy un tomate.

–¿Sabéis a quién seleccionaron?

Pocas veces en mi vida me he sentido así antes. Noto que todos los compañeros me están mirando, pero no noto vergüenza sino un sentimiento de auténtico orgullo. ¿Cómo me iba a imaginar que un simple ejercicio en una charla me iba a hacer sentir así? Este hombre ha conseguido captar toda nuestra atención para lo que queda de sesión porque la conclusión del ejercicio no para de oírse de boca en boca entre susurros entre el grupo: "Hay que hacer las cosas bien a la primera."

CAPITULO 8

No me esperaba semejante sorpresa. Nunca antes nadie lo había sacado tan rápido y tan exacto. Creo que han notado lo que he sentido. Menuda sonrisa me ha salido inconscientemente. Al principio he tratado de que no se dieran cuenta, pero era tan obvio que me han sorprendido que creo que también ellos se merecen causar esos sentimientos en el que expone. Al final, ¿qué es nuestra relación humana sino el sentir y hacer sentir a otros?

Recuerdo que una vez lo hice en un equipo de personas entre 28 y 35 años. Me habían destinado en la empresa a otra ciudad y me pareció una buena manera para que la gente se conociera y supiera cuál era mi filosofía de trabajo.

A la sesión de hoy venía preparado por si me ocurría lo de la otra vez, cuando una de las personas comenzó a discutir sobre la enseñanza del ejercicio y que lo importante era ser ambicioso y esperar siempre que vas a hacer más que la primera vez al tener la experiencia previa. Lo cierto es que era la única persona del equipo de once que había puesto el doble de puntuación en la cifra de esperado en la segunda parte de lo que había hecho en la primera. Afortunadamente yo no tuve casi que intervenir porque sus propios compañeros, que se conocían previamente a mi llegada, dialogaron y todos coincidieron sobre la enseñanza del ejercicio.

Mientras me vuelvo hacia el ordenador para poner la siguiente diapositiva noto que los alumnos están animados y parece que les ha gustado el ejercicio. A mí, reconozco que me gusta mucho y me ha servido para partir la sesión y que no se haga muy larga.

–¡COMENZAMOS CON EL PRIMERO DE LOS CAMPOS DE CULTIVO! – digo en voz alta mientras pongo la siguiente diapositiva.

SIETE
CAMPOS
DE
CULTIVO

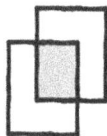

PRIMER CAMPO DE CULTIVO:

YO

"Cambia tu forma de ver las cosas y cambiarás las cosas que ves".
W. Dyer

"Si de algo me arrepiento, es de aquello que no he hecho".
Woody Allen

"El único hombre que no se equivoca es el que NUNCA hace nada".
Goethe

Primer campo de cultivo: YO

La única manera que tenemos de analizar las organizaciones es hacerlo empezando por las personas. Somos la base de las mismas y las que tomamos las decisiones. Os expongo una serie de pensamientos que conviene tener en cuenta en nuestro desarrollo. Algunos son de fondo, de nosotros mismos, y otros son más de forma, muchas veces tan importantes como los otros en nuestro desarrollo profesional y personal.

El YO que existe.

Lo más importante de este apartado es que tengamos claro el Yo que existe. Lo que soy, cómo soy, cómo evoluciono, y sobre todo, los valores, las capacidades y habilidades que tengo.

Cada uno con sus valores tiene que observarlos, digerirlos, hacerlos visibles en su propia vida y experiencia diaria. Vivir fiel a unos valores requiere un esfuerzo importante porque muchas veces nuestro entorno nos trata de separar de ellos, e incluso muchas veces nos sentimos en auténtica contradicción con nosotros mismos y con lo que nos han enseñado. Es decisión de cada uno, decisión madura, el reconocer si tiene que mantenerlos o aumentarlos o, incluso, adaptarlos con el paso del tiempo.

Todos conocemos gente que son auténticas veletas y van cambiando en función de las compañías que tienen o de los intereses del momento. La autenticidad de una persona, su objetivo, su planteamiento vital y su propio sentido de vida van a estar vinculados a los valores que consiga mantener en el día a día y con el paso de los años.

Por eso es muy importante que cuanto antes, hablemos internamente del sentido de nuestra vida.

El Yo que Busca la perfección en cada acto que hace.

De la misma manera que el ejercicio de los puntos que hemos hecho antes no sólo viene a indicar lo importante que es hacer las cosas bien a la primera, buscar la perfección en lo que hacemos también es importante.

Experiencia 6: El último samurái

Desde hace años me viene a la cabeza un pasaje de la película "El Último Samurái" interpretada por Tom Cruise. Cuando el protagonista está viviendo en el poblado que le acoge en las montañas, se sorprende de que cada persona del poblado busque la perfección en cada cosa que hace. Queda reflejada en la frase que se dice a sí mismo: "...desde el momento que despiertan se entregan a la perfección sea cual fuera el propósito que persigan".

Es una buena escena que nos recuerda esa necesidad que quizá en las filosofías orientales está más arraigada y en las occidentales debemos fortalecer.

El Yo abstracto, transcendental.

Viktor Frankl se hizo famoso no por sobrevivir a los campos de concentración nazis durante la Segunda Guerra Mundial, no por todas las barbaridades que le tocó vivir. Viktor Frankl se hizo famoso por escribir cómo superó aquello. Sus escritos son una herencia universal inimaginable que lanzaron una nueva escuela de psicoterapia: la Logoterapia.

En su libro más famoso, *El Hombre en busca de sentido*, Viktor Frankl, explica su experiencia, adoptando una mirada esperanzadora sobre la capacidad de las personas de trascender sus dificultades y descubrir el significado en sus vidas. Trata sobre el propio sentido de la vida dando pautas para buscarlo.

Por ello, si estamos analizando el Campo del Yo, no podemos evitar comentar sobre la transcendencia implícita en cada uno de nosotros. Será diferente, dependerá de creencias, religiones, o de la ausencia de ellas. Para V. Frankl: *"El hombre solo se realiza a sí mismo en la medida en que se transciende: al servicio de una causa o en el amor a otra persona [3]"*.

Estoy seguro de que coincidiremos hoy todos aquí en que ambos ejemplos se harán siempre que Aportemos Valor. Por eso el YO es el primero de los Campos en nuestro desarrollo para Aportar Valor.

Ese YO no tiene nada que ver con la propia Autorrealización. El propio Frankl nos dice: *"Al declarar que el hombre es una criatura responsable y debe aprehender el sentido potencial de su vida, quiero subrayar que el verdadero sentido de la vida debe encontrarse en el mundo y no dentro del ser humano o de su propia psique, como si se tratara de un sistema cerrado. Por idéntica razón, la verdadera meta de la existencia humana no puede hallarse en lo que se denomina autorrealización, (...) en otra palabras, la autorrealización no puede alcanzarse cuando se la considera un fin en sí misma, sino cuando se la toma como efecto secundario de la propia trascendencia."* [4]

Este mensaje se puede entender como la propia base de nuestro Aportar Valor: es algo que hacemos no para nosotros, sino para los otros, para el mundo, desde la propia área transcendente de la persona individual,... que no vive sola.

El Yo que Busca enseñanzas y nuevas ideas en todo lo que hace.

La sugerencia es que no os vayáis a la cama sin haber registrado lo nuevo que ha pasado en el día, lo que se ha aprendido. Se puede utilizar una pequeña libreta y anotar cuando vengan las ideas, o tranquilamente sentados en torno a un cuaderno o el ordenador, o incluso, lo que hacemos algunos, grabarlo en formato de audio para escucharlo más tarde y anotarlo para ejecutarlo.

*****

Experiencia 7: Solucionando la distracción

Uno de los problemas que tenía en mi etapa de estudiante era que muchas veces me distraía con temas o ideas, diferentes a veces, de la materia que estaba estudiado, y que no me dejaban concentrarme porque no quería olvidarlas. Así que de tres o cuatro horas de estudio, la productividad real no había sido más de dos. Después de la sesión de estudio sentía que había estado perdiendo el tiempo durante un buen rato y eso me enfadaba conmigo mismo.

Uno de los mejores consejos que recibí de una amiga fue el método que ella utilizaba: sencillamente estudiar con un papel al lado, de tal manera que si una idea le venía a la mente y la distraía del estudio, la escribía en el papel y lo dejaba aparte. De esa manera su mente ya no se tenía que ocupar en recordarla, estaba en el papel. Al terminar el estudio, volvía a la lista, y se ponía con lo que había anotado.

Con el paso de los años, me compré una pequeña grabadora de audio y suelo llevarla conmigo en los viajes. Todo ello me permite recordar todo lo que me viene a la mente que me pueda distraer del día a día y luego escucharlo tranquilamente en casa o en el hotel donde tenga que dormir esa noche.

Voy descubriendo en qué soy bueno.

Cuando con 18 años comencé a trabajar para costearme los estudios universitarios, en la empresa había un Departamento de Personal. Allí se trataban todos los temas relacionados con tu contrato, nómina y gestiones propias como trabajador. Poco a poco a lo largo de los años que llevo trabajando en diferentes empresas, el propio nombre del departamento encargado de las personas que trabajamos para la organización ha ido evolucionando.

El siguiente nombre fue el de Departamento de Recursos Humanos. Es un nombre que se ha institucionalizado y expandido, aunque generó ciertos conflictos dado que algunos decían que las personas no podíamos ser un mero "recurso".

El siguiente nombre, y casi el de muchas empresas en la actualidad, es Departamento de Gestión de Capital Humano. Y como siempre para los más críticos, también ha sido motivo de polémica en algunos foros el hecho de unir la palabra Capital con las personas, aunque se acepta más que el de ser solo un recurso.

Y ya por último, estamos viendo la tendencia a denominarlo Gestión de Talento.

Es decir, las personas han pasado de ser consideradas sólo Personal, a llegar a ser valoradas en función de su Talento. Hoy en día podemos encontrar grandes tratados sobre el Talento, y cuando se habla de contratar gente, hay quien habla de contratar Talento.

Habrá sido casualidad o no la evolución del nombre del departamento, pero lo que sí es cierto es que nos encontramos esa palabra en la Literatura varios siglos atrás. Aunque antiguamente Talento era una moneda, ya se utilizaba el símil con las capacidades y habilidades que las personas tenemos y cómo las mejoramos.

Es decir, desde hace siglos somos conscientes de que todos tenemos talentos, todos tenemos que cultivarlos, hacerlos productivos (o como cada uno quiera llamarlo), pero no enterrarlos. Por ello, debemos ser conscientes de cuáles son nuestros talentos sin sentir que estamos siendo vanidosos al reconocerlo, porque desde un planteamiento de lo que soy, podré mejorar, cambiar, o, incluso, transmitir con mi ejemplo.

Es importante el Yo que sabe lo que hace bien y sobre todo, lo que no sabe. Esta última es una cualidad que no todos demuestran tener en los grupos de amigos, profesionales y en las organizaciones. ¿Cuántos errores, tiempo y dinero perdido nos habríamos ahorrado sin hubiésemos admitido desde el principio que no sabíamos algo?

La *sugerencia* es que con 17 años vayáis haciéndoos una lista interior de los talentos, cualidades o habilidades que creéis tener ahora. Luego evolucionarán o pensaréis que tenéis otros, y ahí es donde está la riqueza: en ser consciente de lo que se tiene y sobre todo que cultivamos su mejora. A los 27, a los 37, a los 47,... deberíamos revisar al menos cada 10 años cómo han evolucionado, cuánto hemos mejorado y a su vez cambiado.

Experiencia 8: Cualidad básica en una entrevista de trabajo

Desde la primera vez que me tocó participar en una selección de personal con 23 años para monitores de campamentos, hasta hace justo dos semanas para directores de proyectos de desarrollo de negocio en un país de Europa, he comprobado que con el paso de los años, la gente tiene menos miedo a hablar bien de uno mismo, a decir sus cualidades.

Hay un equilibrio, digamos inestable, entre la gente a la que le cuesta mucho hablar bien de sí misma y la que solamente sabe hablar bien de sí misma. Cada uno tiene que saber cómo posicionarse en cada caso. Evidentemente el riesgo es que si una persona pasa una selección de personal gracias a una buena lista de cualidades, debe tener claro que en el trabajo diario serán las primeras habilidades que se le van a exigir y evaluar.

Por ello es muy importante la sinceridad con uno mismo y con los otros.

El yo que toma decisiones.

Es fundamental que sintamos que tenemos que tomar decisiones desde niños, con el nivel correspondiente a cada etapa. A muchas personas con 17 años les habrá tocado tomar pocas decisiones, a otras más.

A quien piense que no le ha tocado tomar muchas decisiones, le *sugiero* que busque sus propios motivos para hacerlo. Porque tomar decisiones es muchas veces equivocarse y precisamente es lo que también tendremos que superar. En el trabajo nos van a pedir que tomemos decisiones y no podemos llegar a ese momento sin haber tenido el "entrenamiento en tomar decisiones" previamente. Y ojalá no os pase lo que me encontré una vez.

__Experiencia 9: Entrevista de trabajo, silencio__

En 2007 tuve que hacer un proceso de selección de personal para un puesto de perfil técnico en una oficina de la empresa para la que trabajaba.

De entre todos los candidatos que tuvimos que entrevistar, había una chica que en aquel momento tenía 27 años. Dentro de las preguntas y respuestas de la entrevista, se le sugería a la candidata, como a todos, que profundizara sobre su capacidad para tomar decisiones por sí misma y diera algún ejemplo.

Nunca olvidaré lo incómodo de la situación porque con 27 años no sabía qué contestar. Se había quedado en blanco. Al principio pensé que era porque estaba nerviosa, hasta que ella misma dijo que no recordaba ninguna, excepto un año en el que ayudó a su madre a organizar las vacaciones de verano.

El Yo que participa.

Con 17 y a partir de entonces, es una buena práctica participar en todo lo que pueda. Actividades que organice el centro donde estudiéis, el barrio, organizaciones que sean de confianza, incluso presentarse a concursos.

Eso os servirá para explorar vuestro Yo y también para conocer otras personas con las que quizá acabéis encontrando lazos de amistad futura, o incluso gente que podéis encontrar más tarde en el mundo profesional en el que participáis.

La Formación como línea base.

Algunas personas ven la etapa de formación como finita en el tiempo, en cambio, muchos sabemos que nos "persigue" durante toda la vida. ¿Alguien se imagina un/una médico que no se esté actualizando sobre los nuevos fármacos que aparecen para curar enfermedades? ¿O un soldador/a que no aprenda los nuevos métodos de soldadura que se han ido mejorando a lo largo de los últimos años? ¿Alguien se imagina a un profesor/a que no se actualice y estudie nuevos métodos de enseñanza?

Es así, la formación es parte de nuestra existencia.

Los de la generación actual tenéis más facilidad que los de generaciones pasadas porque vuestro día a día se basa en aprender, experimentar nuevos programas, aplicaciones que nos proporcionan para una innumerable cantidad de objetivos.

Todavía nos encontramos con gente que dice que ya es mayor para aprender, y yo os digo que vuestra generación nunca dirá eso porque ha crecido dentro de vosotros una capacidad enorme para continuar aprendiendo y conocer cosas nuevas. No lo rechazáis, lo veis como un reto, y por eso os gusta más todavía.

Quizá esta sea una diferencia importante con generaciones anteriores.

Estudiad lo que más os guste...

"Estudiad lo que más os guste porque luego trabajaréis de lo que podáis", es una de las frases que más me gusta pronunciar cuando un joven me pregunta sobre lo que puede estudiar. Lo más importante, siempre digo, es disfrutar con lo que estudias porque exista una vocación o un interés especial por la materia. Ese disfrute conseguirá que conozcas todos los caminos posteriores de los estudios y te permitirá profundizar en aquel que más te guste.

A veces cuando estudias, te puede ocurrir lo de las experiencias siguientes.

> ### *Experiencia 10: Dificultades en una asignatura*
> *Conozco una mujer que estudió Derecho.*
>
> *Tuvo problemas en el último año para aprobar la asignatura de Derecho Mercantil. No encontraba la manera de estudiar. Cuanto más tiempo dedicaba era peor, porque no conseguía asimilar los conceptos.*
>
> *Lo que le ocurrió es que aprobó toda la carrera universitaria a excepción de esa asignatura. Por lo tanto, tuvo que dedicar el último verano a estudiarla con total dedicación.*
>
> *Consiguió encontrar el método de estudio y llegó a hacerlo de tal manera que le gustó tanto que posteriormente montó un despacho profesional de*

asesoramiento jurídico en Derecho Mercantil. Años más tarde viajó a USA para perfeccionar el inglés y actualmente es socia en un despacho jurídico donde sus principales clientes son empresas extranjeras que se quieren establecer en el país.

Experiencia 11: Habilidades en diferente profesión

Otra compañera de la anterior que también finalizó los estudios universitarios de Derecho. El último año compatibilizó los estudios con otra carrera universitaria: Trabajo Social.

Cuando trató de acceder al mundo laboral de Derecho descubrió otras posibilidades de trabajo en los segundos estudios que había empezado. Decidió finalizar los estudios de Trabajo Social, y desde que terminó, nunca le ha faltado trabajo de Trabajadora Social en Organismos Públicos u ONG, no solo por su capacidad y su formación, sino también por las habilidades de memorización y analítica, además de la formación jurídica global adquirida en sus estudios de Derecho. Su forma de aportar Valor no es doble, es triple: formación de Trabajo Social, formación de Derecho y habilidades mejoradas con la sinergia de los dos estudios.

Cuando un joven comienza una etapa de estudios, universitarios o no, lo que hace en el fondo es "apostar". Supone que estudia algo que luego le permitirá trabajar en el campo de estudio. Pero puede ser que el escenario cambie radicalmente cuando acabe los estudios y lo que al principio parecía una oportunidad laboral, puede que luego haya desaparecido o se haya transformado. La actitud con la que se enfrente a ese desafío será lo que le haga progresar o no.

Porque puede ocurrir que al terminar sus estudios universitarios haya estallado una crisis financiera enorme y las oportunidades laborales en lo que estudió en el país que vivió, hayan desaparecido. Hay que estar preparados para ello.

Experiencia 12: En activo durante los estudios

Aquí puedo dar muchos ejemplos. Me centraré en dos.

Conozco una persona que estudió Filosofía y Letras. Durante la época universitaria estuvo muy activo, colaborando con diferentes instituciones y ONG's. Desde que terminó nunca le ha faltado trabajo de profesor en Secundaria y Bachiller de Historia y Filosofía. Está muy bien valorado por sus alumnos y el resto del claustro. Además, escribe libros, promueve iniciativas para la promoción de la lectura y no es raro verlo dando conferencias de su área de influencia.

Conozco otra persona que estudió Veterinaria. Durante la carrera gestionó en paralelo una granja de corderos. Su carácter comercial le ha permitido encontrar oportunidades de negocio en diferentes ámbitos de distribución de bebidas y comida. Cuando

---

hace unos días analizaba con él su vida, para incorporarla en esta experiencia, me indicaba que uno de los aspectos que más valoraba, era su implicación en diversas ONG, tanto en la época de estudiante como posteriormente. Reconoce que le ha valido para implementar en su formación la mirada hacia el "otro", de manera que le permite afrontar las iniciativas empresariales actuales, desde una perspectiva más social y humana. Sin haberlo buscado, esa forma de actuar le está favoreciendo en muchos negocios.

Espacio personal especial.

La *sugerencia* es que siempre tengáis un espacio para vosotros donde "vibréis". Llamo vibrar a esa sensación que se tiene cuando consigues ser plenamente consciente de que tu mente y tu cuerpo están en un estado de pasión total, te hace disfrutar y los recuerdos de esa vivencia son los que en el futuro retomas para sentirte mejor en momentos de dificultades.

Sabemos que algunos piensan que consiguen ese nivel con medios insanos con drogas o alcohol, pero no es verdad, no llegan a "vibrar" porque no son conscientes. Simplemente huyen y sobre todo maltratan su propio cuerpo. Los que realmente tenemos algo con lo que "vibramos", (en mi caso, se produce cuando subo montañas), hemos llegado a tener esos momentos de epifanía en los que podemos tener las grandes ideas que son las que cambian tu futuro.

La sugerencia es que seáis conscientes con lo que vibréis, con caminar, ver cine, jugar ajedrez, escuchar música, cocinar, yoga, zen, correr... lo que sea, pero respetadlo y tratad de mantenerlo. Y si además lo hacéis en compañía, mucho mejor para vosotros y para vuestros compañeros.

El Yo que Lee.

Es básico. Sería incapaz de describir todo lo que he aprendido leyendo, e incluso los sentimientos que he experimentado con algunos libros. Ojalá todos vosotros ya llevéis varios años leyendo y necesitando esa actividad, eso os facilitará el futuro.

La *sugerencia* es una lectura activa. Leed con un lápiz al lado o algo que os permita apuntar las ideas que son interesantes para que al final de la lectura podáis volver sobre ellas, porque muchas las podréis aplicar en la vida real.

Experiencia 13: Entrevista de trabajo, la lectura

Tanto en entrevistas de selección que me hicieron a mí cuando optaba a un puesto de trabajo, como las que he realizado a candidatos a lo largo de los años, suele ser práctica habitual preguntarle al candidato si ha leído algo últimamente. El entrevistador no solo se fija en si el candidato tiene que pensarlo mucho, dando a entender o que no lee o que hace tiempo que no lo hace, sino también en el tipo de libro y, sobre todo cómo lo describe.

Tengo que reconocer que hace un mes, durante un proceso de selección de personal, hubo un candidato que me estaba gustando mucho durante la entrevista. Cuando, tras la pregunta de la lectura, nos explicó el libro que se estaba leyendo con tanta pasión y facilidad para resumir un argumento complicado en pocos minutos, su capacidad analítica y de comunicación quedó positivamente reflejada.

Luego le ofrecimos el puesto de trabajo y lo aceptó.

El Yo que se comunica...por escrito.

Como no estoy solo en el mundo, me tengo que relacionar con otros y por ello tengo que fijarme en la propia experiencia de comunicarme.

Actualmente tenemos muchos medios para comunicarnos aprovechando todos los avances tecnológicos. Diferentes herramientas informáticas nos permiten hacerlo en el ordenador, Tablet o teléfono móvil. Muchas veces el uso del lenguaje se va deteriorando debido, entre otras cosas, a hacerlo desde los dispositivos móviles, especialmente por acortar palabras o usar acrónimos que a veces ni nosotros mismos sabemos lo que significan.

Los entendidos en la Comunicación nos advierten sobre las aplicaciones de mensajes instantáneos. Está muy bien lo de abreviar las palabras, es muy divertido, hemos creado una nueva forma y unos cuantos me entienden ¡genial! ¡Qué majos somos! …pero esa no es la vida real.

Experiencia 14: La ortografía

En la vida real hemos sido testigos de compañeros que han suspendido exámenes importantes por cometer faltas de ortografía, hemos sido testigos de haber despedido a personas con responsabilidades administrativas y de secretaría por continuadas faltas de ortografía, hemos sido testigos de haber apartado a un ingeniero que cometía faltas de ortografía y era incapaz de escribir un buen informe.

No se permiten faltas de ortografía en LinkedIn. En Facebook y Twitter se admiten pero cometer una falta en LinkedIn, es como cometerla en tu CV.

En este apartado la _sugerencia_ es seguir usándolos extremando el cuidado con el uso del lenguaje. Por ejemplo si alguien comete faltas de ortografía en su perfil, o incluso su CV, en redes sociales profesionales donde se trata de cultivar contactos de calidad, y muchas veces las propias empresas de búsqueda de talento o selección de personal, estará dando una imagen poco profesional, cuando lo que se busca es lo contrario.

El yo que se comunica...en persona

En la comunicación me debo preocupar en mejorar continuamente mis habilidades personales. Cada uno tendrá que ver cuáles son las que más necesita dependiendo del grupo o sector en el que se relacione, pero quizá la más importante es: saber escuchar.

Debe ser una escucha activa, que el interlocutor note que le comprendemos, que no estamos esperando que acabe de hablar para contarle nuestro discurso u opinión. Una escucha en la que demos muestras físicas asintiendo con la cabeza para confirmar que hemos entendido lo que nos han contado y animar al otro a seguir hablando. Una escucha en la que, de vez en cuando, resumamos lo que nos han dicho, para exponer claramente que tenemos interés en lo que nos cuenta y que lo hemos comprendido. Y sobre todo una escucha sincera.

Con el paso de los años te encuentras personas que utilizan todas las técnicas de escucha, pero lo que hay por detrás no es interés real y se hace por razones de otra índole.

Experiencia 15: Los mejores jefes

El paso de los años en empresas y organizaciones sin ánimo de lucro te llega a convencer de que los mejores jefes, responsables o coordinadores, son los que mejor escuchan.

El yo que cuida su cuerpo y que cuida la Seguridad y Salud.

Aquí me pararé por propio sentido profesional tratando los tres aspectos que suelen estar incluidos dentro del mismo departamento en las organizaciones: Salud, Seguridad e Higiene.

Salud

Sin llegar a profesar un desmesurado planteamiento de cultivo al cuerpo, sí que aquello de *"mens sana in corpore sano"* nos lo debemos aplicar día a día. Practicar deporte, evitar excesos de comida, alcohol y sobre todo drogas, son las máximas que debemos seguir. He visto personas con 19 y 20 años que no pueden divertirse si no llegan a la completa embriaguez, personas a las que con 37 años les ha dado un ataque al corazón a causa de una mezcla excesiva de estrés laboral con un caos en el consumo de alcohol y tabaco.

Experiencia 16: Cuándo hacer deporte

Me contaba un amigo hace pocos días que se fue en bicicleta a hacer unas horas de deporte cuando en su camino se encontró con un grupo de ciclistas que estaban parados.

Al llegar a ellos se acercó y vio que uno de ellos yacía en el suelo. La ambulancia que había llegado le estaba diagnosticando la muerte. Mi amigo me comentó que al ver llorando a otro de los hombres que acompañaban al muerto, le preguntó sobre la situación. Este le dijo que era su amigo, que se

---

acababa de jubilar el día anterior y había decidido hacer deporte por primera vez.

Le acababa de dar un ataque al corazón.

Seguridad

En mi trayectoria profesional, he trabajado dentro de una refinería de petróleo que junto con las centrales nucleares, están dentro de los grupos de instalaciones de más alto nivel de control de seguridad en el sector industrial. En estas empresas es tan importante producir beneficios económicos como tener los máximos niveles en materia de seguridad y salud. Es más, si en instalaciones químicas lo segundo no se cumple, acabarán cerrándose.

Fue un periodo muy interesante que me ha marcado enormemente. De hecho tuve la fortuna de trabajar en una planta industrial donde la Seguridad de las personas era prioritaria dentro de la propia cultura de la organización. Por ello, cuando en ocasiones veo en algunos trabajos que no se mantienen las medidas básicas de protección, me pregunto si piensan en los demás.

La *sugerencia* es que siempre seamos conscientes de nuestra seguridad y la de nuestros semejantes, y no la pongamos en riesgo innecesariamente. Vayamos haciendo una continua revisión de prevención de riesgos. Comencemos en casa, analicemos dónde están los riesgos y qué hacemos para evitarlos.

__Experiencia 17: Pregunta o situación__

Conozco a un padre que desde que sus hijos eran pequeños y caminaban les hacía el juego de: ¿Pregunta o Situación?

Sus hijos ya sabían que si decían situación el padre les planteaba situaciones que podían ocurrir en ese momento y hacía que los hijos se tuvieran que plantear qué hacer. Desde qué harían si hubiera un terremoto en ese momento, o una inundación, o una multitud de personas corrieran hacia donde estaban ellos en ese momento.

Se tomaban como un juego lo que el padre trataba de transmitir.

Lo que está claro es que esos hijos, desde pequeños, se han ido planteando que pueden ocurrir situaciones extraordinarias que podrían afectar a su seguridad o la de sus semejantes en cualquier momento y, al menos por un momento, han pensado cómo salir de ellas.

Higiene

Y sobre la higiene, es un asunto que poca gente se atreve a tocar. Se asume que todos tenemos un nivel de higiene personal y que no hay que comentarlo explícitamente. El problema es cuando alguien no lo tiene, no se da cuenta y nadie se atreve a comentárselo.

__Experiencia 18: Higiene personal__

Por desgracia me ha tocado verlo dos veces en la vida profesional y en ambas nadie se atrevió a decir nada explícitamente a la persona.

Una persona me contó que tenía un compañero, que compartía despacho con otro y él. Tal era su olor que en pleno invierno abrían la ventana para "ventilar" decían. Nunca fueron capaces de decirle nada, tenía grandes conocimientos en lo que hacía pero lo cierto es que la gente se sentía incómoda a su lado.

El otro fue una mujer en una empresa, que vestía muy elegantemente y que siempre iba muy maquillada, pero que si tenías que hablar con ella a las 8.30 de la mañana ya se notaba que algo no funcionaba bien. Nadie, ni su propio jefe, fue capaz de decirle nada. No oí queja alguna de su desarrollo profesional, pero cuando le tocó la renovación del contrato temporal, simplemente no lo hicieron.

SEGUNDO CAMPO DE CULTIVO:

GRUPO

"Dime y lo olvido, enséñame y lo recuerdo,
involúcrame y lo aprendo".
Benjamín Franklin

"No preguntes qué puede hacer por ti el equipo.
Pregunta qué puedes hacer tú por él".
Magic Johnson

Segundo campo de cultivo: GRUPO

A menos que seas un espía internacional o vigilante de un faro lejano, en tu trabajo en una empresa o en cualquier organización a la que decidas incorporarte, vas a tener que convivir con otras personas. Las relaciones que establezcas con los otros miembros del grupo marcarán claramente el desarrollo de la actividad, llegando incluso a cambiarte a ti o a los demás. Nuestro modo de comportarnos en los grupos a los que pertenecemos influye en el propio grupo y puede contribuir a construir o a destruir, a avanzar o a retroceder. Por ello, cuando nos vemos a nosotros mismos preparándonos para Aportar Valor, hemos de ver cómo gestionamos nuestra relación en los grupos.

Actualmente los grupos son más virtuales, no tan presenciales como lo eran antes de la explosión de la era tecnológica. Algunos no los ven como grupos, pero los propios miembros se sienten parte de esos colectivos, así que los trataré como lo que son: grupos.

Algunas experiencias vitales me permiten compartir hoy unos conceptos que son el día a día en el comportamiento en las empresas y organizaciones.

El grupo que me protege.
Muchas veces el primer sentimiento que podemos tener en grupo es el de protección: si algo me pasa, el grupo me protege; si algo me sale mal, se difumina en

el grupo; si no tengo ganas de pensar o decidir, sigo al grupo.

Y el siguiente sentimiento es el del grupo al que aporto; cómo me ven, cómo los veo, qué estoy ofreciendo al grupo para que avance y supere las situaciones, o simplemente para que tengamos diversión, o pensar en el grupo al que hago feliz.

Uno de los libros que más me marcó en la etapa de juventud fue el de *Ilusiones* escrito por *Richard Bach en 1977*. El autor utiliza una pequeña historia de ficción para compartir una serie de pensamientos. En la contraportada del libro, y fue lo que definitivamente me lanzó a comprarlo, fue el único texto que aparecía:

Lectura
"¿y qué haríais si Dios os hablara directamente y os dijera: Os ordeno que seáis felices mientras viváis? ¿Qué haríais entonces?" – preguntó el Maestro a la multitud. [5]

La frase es muy cautivadora porque, indistintamente de la religión que podáis profesar (o incluso ninguna), es un canto a la humanidad. El que crea en un Ser Creador o el que crea simplemente que estamos aquí con un fin, puede plantearse si no estamos aquí para eso, para ser felices. Aunque hay que estudiar la frase con esmero, dado que está en primera persona del plural, es decir, no es que "tú seas feliz", si no que "vosotros seáis felices". La conclusión podría ser que nos tenemos que preocupar de que "todos" seamos felices.

La *sugerencia* es que el primer sitio para practicarlo es en el grupo en el que participamos. El más cercano será la familia, luego el grupo de amigos, compañeros de clase, de trabajo, de deporte, el barrio, la ciudad,… y si seguimos así acabaremos donde empezamos la charla, en los objetivos fundamentales de la humanidad.

Compartir, difundir, cooperar, comprometerse.
Estas cuatro palabras ya tienen suficiente poderío individualmente, si ahora las vemos juntas y pensamos en el efecto del conjunto, sería como una suma de sinergias, como si pensáramos en los cuatro elementos de la naturaleza (agua, aire, fuego y tierra) para explicarnos lo que ocurre a nuestro alrededor. En este caso esas cuatro palabras podrían llegar a constituir la base firme de por qué un grupo avanza.

La s*ugerencia* es practicar las cuatro a la vez en nuestra vida diaria. Si alguien nos menciona una sola de ellas, tratar siempre de vincularla y practicar con las otras tres.

Experiencia 19: Cualidades de los Millenians
Hace unos días leía un artículo en una revista sobre los "Millenians", las personas que han nacido en un rango de años alrededor del año 2000.

95

De las cuatro entrevistas a jóvenes entre 22 y 27, en tres de ellas, comentaban que se ven diferentes a generaciones anteriores y una de las diferencias más importantes es que ahora son gente que comparte más. Lo justificaban en el hecho de que ante la escasez y la crisis actual, los jóvenes actuales, están encontrando que la manera de avanzar es esa. Todos coincidían que es el "hecho" de Internet, la plataforma sobre la que comparten, y a partir de ahí la vida diaria.

Lo cierto es que estoy firmemente convencido de que Internet ofrece esa área de mejora a las personas, que antes no se tenía en la misma medida. Estamos en una nueva época que tiene muchas ventajas, porque lo que se construye en Internet (blogs, redes sociales,...) tienen un principal objetivo: mejorarlo entre todos y hacer transmisión viral de ello.

Una lectura que he podido hacer este último año ha sido el libro *El ZEN del Social Media Marketing* escrito por *Shama Kabani en 2014*. La autora hace unas importantes sugerencias para el negocio de internet. Donde me paré es en las reflexiones que realiza acerca de las redes sociales. Se ve Internet como una nueva forma de comunidad. Según lo expresa la autora: *"En Twitter existe un comportamiento cooperativo en un grado y forma nunca vistos hasta ahora. Casi a diario, y a menudo varias veces al día, surge un tema que provoca que, como filósofo y simple individuo curioso, reflexione un poco y después comparta los resultados de esa reflexión en los 140 caracteres que permite Twitter.*"[6]

Por supuesto que tenemos diferentes formas de entender la palabra comunidad, si nos quedamos en la pura crítica, alguien podría llegar a decir que no son comunidades reales, que es todo superficial, … Mi punto de vista es siempre constructivo y sugiero a los que critican que primero entiendan el "hecho" y luego vean las grandes ventajas que todo esto tiene, porque si en la palabra comunidad están incluidas las cuatro palabras que he citado antes en el título del apartado, considero que ya hemos hecho un avance importante en la sociedad, especialmente si buscamos un cambio de mejora.

Una puntualización que nos hacen referente al mundo de las redes sociales y que consideramos importante es el relativo a que tenemos que ser auténticos, nosotros mismos. Puede haber tendencias a suplantar nuestra propia personalidad porque al fin y al cabo utilizamos un medio de comunicación no visual a veces, incluso a crear nuestro propio avatar para vivir una vida paralela. El problema de esta opción es que en algún momento se descubre o uno mismo, o los demás, que se basa en una mentira, y a partir de ahí todo desaparece.

Experiencia 20: Efecto de mentir
Conozco unos padres que siempre les han dicho a sus hijos: el que miente desaparece, porque ya nadie os creerá y es como si no existieseis.

Por todo lo anterior, la _sugerencia_ es que después de esta experiencia de hoy que estamos viviendo juntos, si os ha gustado, hagáis una transmisión viral: publicadlo en YouTube, Twitter, Tuenti... decídselo a familiares, amigos...

Complícate la vida...merece la pena.

Muchos de nosotros hemos escuchado lo contrario "no te compliques la vida", "no merece la pena". Hoy el mensaje que os traigo es el opuesto: sí merece la pena complicarse la vida. Sobre todo si lo hacemos desde el grupo, desde la relación con los demás que hará que juntos podamos provocar el cambio, aportar valor. Para ello es muy importante empezar pensando en los demás, con actitud de servicio y tratar de buscar el _feedback_ de lo que hacemos.

Un primer paso para complicarse la vida es vivirla desde la gratuidad en nuestras relaciones. Es muy importante que sepamos hacer cosas gratis, es muy importante que no estemos buscando siempre algo a cambio para nosotros mismos en todo lo que hacemos.

En este apartado me referiré al libro de _¿Eres Imprescindible?_ de Seth Godin de 2011. Pueda estar conforme o no con el título que ha elegido como enganche comercial para vender el libro, debo afirmar que me parece magnífico el contenido de propuestas que realiza en nuestras relaciones en las empresas. El autor basa la mejora en nuestro comportamiento en las organizaciones y grupos en varios pilares, y uno de ellos es, precisamente, "la gratuidad en lo que hacemos el poder de los regalos no correspondidos."[7]

Desde una perspectiva empresarial se acaban detectando aquellos comportamientos de personas que solo hacen algo si reciben un premio, un aumento de sueldo o una promoción interna. En cambio, aquellos que trabajan desde la óptica de ofrecer gratis sus mejoras son los que indirectamente, y sin saberlo, contribuyen más al grupo.

¿Y cómo entrenarnos en esto? La mejor _sugerencia_ es llevar ese estilo de gratuidad en nuestro día a día, en la familia, en los amigos, en el trabajo,… Y desde la etapa de juventud, una de las mejores fórmulas es optar por el trabajo voluntario.

El voluntariado, de por sí, genera cambio. Primero, uno mismo cambia la perspectiva de la relación con el mundo, y segundo, y quizá más importante, cambia la vida de aquellos a los que está dirigida la acción voluntaria. Ya con 17 comencemos a buscar el trabajo voluntario aparte de la formación como pilar base (evidentemente si no hay prioridades financieras familiares que no nos permitan disponer de tiempo suficiente).

Muchas áreas son en las que cada uno, y ya desde joven, puede involucrarse con compromiso voluntario. Dependerá de sus "talentos" que hemos comentado antes, de sus actitudes y aptitudes que vaya desarrollando en la vida, y por supuesto del destino de la acción voluntaria, a nivel local, comunitario, nacional e incluso internacional.

Como cualquier trabajo implica compromiso, el propio voluntariado lo tiene implícito en su planteamiento vital. Por ello, digo SI al Voluntariado, pero NO a cualquier Voluntariado. Sea lo que sea debe hacerse desde el compromiso. Aunque no tengo una imagen gráfica para expresar esto como los anteriores dibujos del principio, os dejo un texto que utilicé en un curso de formación de una ONG que me tocó impartir hace 17 años. El título del texto es el *"Involuntariamente Voluntario"*.

(Ver Anexo 1: Cuento del "Involuntariamente voluntario")

Hay que ser agradecidos.

Es una frase muy simple dicha en este contexto, pero es una de las máximas en nuestras relaciones con el resto del grupo u organización al que pertenecemos.

La *sugerencia* es que recordemos siempre agradecer a los demás lo que hacen, y sobre todo, digámoselo, porque ese acto de esa persona puede que yo luego lo imite, otros me vean y lo hagan, y finalmente hagamos una transmisión viral de un comportamiento excelente, así entenderemos que desde el principio merecía la pena ser replicado.

Experiencia 21: Profesor especial, acción especial

En mi etapa universitaria tuvimos un profesor especial. Marcó la diferencia desde el principio. El primer día de clase, el resto de profesores hacían una clase relajada y distendida, presentándose y dando unas pinceladas globales de lo que sería la materia de la asignatura durante el curso. El profesor especial, empezaba hablando muy bajito, con un comportamiento casi tímido y después de una presentación muy breve, comenzaba la clase. De hecho, como alumnos el primer día comprobábamos que él había llenado una pizarra entera y nosotros varias páginas de apuntes. Desde luego que no habíamos acudido con esta expectativa, esperábamos algo mucho más tranquilo el primer día.

Lo que todos descubrimos posteriormente es que él no era así. Era todo lo contrario, y se comprobaba a partir de la segunda clase. Era enérgico, explicaba mirando a los alumnos y esperando recibir preguntas por si había dudas. Modulaba el tono al hablar para que las clases no se hicieran monótonas. Se preocupaba por los alumnos. Siempre tenía un espíritu positivo cuando comprobaba que algo no se entendía. Creo que tenía claro que su asignatura era muy complicada y había un momento en el que no seguíamos la clase porque nos habíamos perdido. Era un muy buen profesor e impartía asignaturas en varios cursos de la carrera universitaria.

Conozco un compañero que cuando obtuvo el aprobado de la última asignatura en la que se iba a encontrar a este profesor, fue directamente a su despacho. La puerta como siempre estaba abierta. Vio al profesor muy ocupado trabajando en su mesa sin comprobar que él estaba de pie en el dintel. El compañero tuvo que tocar la puerta un par de veces para llamar su atención. El profesor levantó la vista y se ofreció a ayudarlo. El compañero se le acercó, le extendió la mano consiguiendo que el profesor hiciera lo mismo y se la estrecharon durante un par de segundos, hasta que el compañero le dijo que había sido muy buen profesor, le explicó todo lo bueno que había visto en él en los dos cursos en los que fue su alumno. Finalmente le dio las gracias.

El profesor no se lo esperaba. El compañero no esperaba nada con esa acción, le pareció que procedía y lo hizo. El profesor se le quedó mirando al principio desconcertado hasta que con una gran sonrisa le agradeció al compañero el detalle. Aquello quedó así, quizá debería decir, ellos quedaron así.

Posteriormente al cabo de los años por motivos profesionales se encontraron un par de veces y se alegraron de verse.

¿Vivimos en una burbuja?

Es una pregunta que muchos nos hemos hecho en algún momento de nuestra vida. Estudiamos, nos relacionamos con gente parecida y similar a nosotros. Eso es muy bueno porque formamos parte de un grupo que nos protege y nos anima a superarnos, y, lo que es todavía mejor, sabemos que fuera de esa burbuja hay más gente.

La *sugerencia* es no desaprovechar las oportunidades para relacionarse con "gente de fuera de la burbuja", ¡Cuánto más grande hagamos la burbuja, menos burbuja será!

Experiencia 22: Divergente

En este caso es un tema absolutamente personal y me sucedió cuando hace pocos meses fui al cine con mi esposa y mis hijos. Mi hija mayor que con 14 años se había leído la trilogía completa de Divergente, Insurgente y Leal, basada en los libros escritos *por Verónica Roth en 2011 nos animó mucho a ver la primera película.*

Fui al cine sin ninguna expectativa, ya que como adulto cuando vas a ver algo que ha sido producido para adolescentes y jóvenes, ya de entrada, sin saber por qué, te pones una barrera por la cual presupones que no va a ser para ti.

Mi sorpresa fue enorme cuando, desde el principio, disfruté con el planteamiento de la historia, una visión futurista según la cual podría llegar a producirse una separación de la sociedad por grupos cerrados. En el caso de esta historia cada grupo de gente similar no se relacionaba con los otros, habiendo sido ellos mismos forzados a elegir su pertenencia a un grupo concreto. El planteamiento de esa sociedad les obligaba a elegir posicionarse sólo en un grupo. Muchos lo aceptaban ... hasta que alguien dejó de hacerlo. La historia evidentemente nos muestra un extremo, pero nos debería invitar a plantearnos hasta qué punto en el día a día no estamos eligiendo vivir dentro de una burbuja y no salir de ella, o nos estamos dejando encasillar en un rol

¿Hasta qué punto estamos luchando para ser Divergentes?

Tres palabras clave.

Os las presento: Gracias, Lo Siento y Por Favor. El poder que tiene el acto de pronunciarlas no se descubre hasta que se utilizan. Hay personas que no son capaces de pronunciarlas, y otras personas simplemente esperan que se las digan.

Estaremos demostrando cualidades de gratitud, humildad y amabilidad que nos deben acompañar a lo largo de toda nuestra vida.

A nivel laboral he visto organizaciones donde no se pronuncian nunca y otras empresas en las que están implícitas en las relaciones. Imaginad en cuáles la gente disfruta más y aportan más valor.

La *sugerencia* es que, desde el principio de nuestro desarrollo personal trataremos de usar esas tres palabras mágicas. Pueden cambiar al otro, al grupo… o incluso pueden crear magia.

Sobre las presunciones básicas

En todos los grupos y organizaciones existen una serie de ideas, modos, costumbres, valores y comportamientos a los que solemos llamar cultura. Del libro *La Cultura Empresarial y el liderazgo* de Edgar H. Shein (1985) hay una frase que me parece muy ilustrativa para este apartado: *"Sin un grupo no puede existir cultura, y sin la existencia de un cierto grado de cultura en realidad todo lo que podemos es hablar de un agregado de personas, y no de un grupo."*[8]

Muchas partes de esa cultura normalmente no están escritas ni evidenciadas ("presunciones básicas").

Cuando una persona nueva se incorpora a un grupo, entiéndase grupo de amigos, estudiantes de colegio, universidad, compañeros de empresa, ... si hay un desconocimiento o no detección a tiempo de la "presunción" se pueden producir conflictos. Si, por ejemplo, pensamos que un grupo de amigos valora enormemente la forma de vestir de sus componentes o de comportarse ante determinados estímulos externos, y como todo eso no está escrito ni, usualmente, evidenciado, al no conocerse puede limitar mucho la relación de las personas nuevas en esos grupos.

Conocer las presunciones básicas permite que el individuo y el grupo se puedan conocer mejor y en ese momento tomar la decisión de integrarse en el grupo o simplemente no hacerlo porque los valores son diferentes. Sobre todo el conocimiento de ellas nos permite elegir.

Las presunciones básicas están dentro de nuestras comunicaciones y muchas veces no nos dejan avanzar, o en una negociación o en una venta o simplemente en la relación de profesor/alumno o con los amigos. Si vemos que algo bloquea nuestra relación debemos utilizar planteamientos totalmente empáticos para descubrir exactamente las expectativas del otro.

Muchas veces damos por sentado que la otra parte lo conoce y lo acepta, y ocurre que no lo conoce y si lo conociese, quizás no lo aceptaría. Pero si se conociese aquello que la otra parte asume en la relación y atasca el avance, permitiría a la otra parte adaptarse en la comunicación, explicarle mejor la lección, llegar a un acuerdo e incluso finalizar una venta, o simplemente rechazarlo porque no se ajusta a lo que piensa o necesita.

***TERCER CAMPO DE CULTIVO*:**
OBJETIVO

*"No hay cosa que los humanos traten de conservar
tanto, ni que administren tan mal, como su propia
vida".*
Marco Tulio Cicerón

"La vida es lo que hacemos de ella".
Aforismo Tibetano

*"Si no escalas la montaña, jamás podrás disfrutar
del paisaje".*
Pablo Neruda

Tercer campo de cultivo: OBJETIVO

La empresa a la que te vas a incorporar o la Asociación en la que vas a comenzar a colaborar tienen una Misión, una Visión y se ha establecido una serie de Objetivos a cumplir. Debemos entenderlos, confirmar si están alineados con los nuestros propios, y, si es así, hacerlos nuestros.

Tengamos claro a donde queremos llegar, planteemos cómo vamos a hacerlo, estemos dispuestos a adaptarnos en función del avance de los objetivos a cumplir y cuando los cumplamos, o no, evaluémoslos. Lo usual es que al hablar de objetivos también hablemos de tiempo y dinero. Eso lo dejaremos para las siguientes partes.

Os propongo los siguientes pensamientos en vosotros mismos para alinear vuestros objetivos a los de las organizaciones en las que participéis. O simplemente mantener vivos los vuestros hasta que encontréis un proyecto que os apasione.

¿Dónde quiero llegar?, ¿dónde queremos llegar?

Como hemos comentado al principio, nuestra existencia se puede basar en dos objetivos fundamentales como pueden ser: erradicar la pobreza en el mundo y conseguir la paz mundial, pero nuestro día a día se tendrá que basar en objetivos más conseguibles.

◀◎ Por ello la *sugerencia* es que nos tracemos un plan de nuestros objetivos personales, incluso que lo escribamos. Quizá después del verano es un buen momento para hacerlo, o puede que el 2 de enero es el mejor momento (¡omito cualquier opción de pensar en el día 1 de enero!).

Primero puede ser útil definir las áreas en las que me voy a poner objetivos: si serán temas de formación, temas deportivos, aprender una nueva afición, apoyar a una ONG , aprender a tocar un instrumento, componer una canción, escribir un libro, crear una empresa, unirme a un partido político, … Los objetivos deben ser a corto plazo y a largo plazo.

◀◎ Por ello la *sugerencia* es que cada año revisemos los objetivos a largo plazo para adaptar luego los de corto plazo. Si me propongo formar un grupo de música en un plazo de dos años, primero tendré que tener claro si hay alguna área musical que tenga que reforzar y poner objetivos a corto; luego tendré que ver si existen los miembros suficientes para el grupo musical, y poner objetivos; si tengo los recursos financieros y otros como instrumentos, locales para ensayar, y, si no, poner objetivos a corto plazo para conseguirlo. Posteriormente habrá que cumplirlos, y revisarlos cada cierto tiempo. Es importante saber qué quiero conseguir, o queremos, si el objetivo es grupal, qué medios tengo o tenemos para conseguirlo, los recursos necesarios y sobre todo los plazos.

Experiencia 23: Aprendiendo a planificar

En mi etapa anterior nos tocó organizar varios campamentos de niños y jóvenes, algunos de pocos días y otros de dos semanas. Es claramente un momento importante para ponerse objetivos, desarrollarlos, cumplirlos y evaluarlos.

La experiencia realmente empieza en la fase de planificación, porque hay que tener un sitio, con unos medios suficientes de agua, acceso… Los niños que acuden, monitores,… mi lema siempre ha sido: "planifica lo máximo que puedas, porque al final siempre habrá que improvisar" … y las decisiones a tomar durante la improvisación serán más acertadas cuanto más tiempo se haya empleado para obtener la información necesaria.

¿El éxito está en alcanzar el objetivo?

Una vez que nos hemos planteado los objetivos debemos plantearnos si el único éxito es alcanzar el objetivo. Cuando uno tiene afición por el montañismo es cuando más se aprecia esta dicotomía. La superación y el disfrute no solo están en alcanzar la cima, sino que también lo están en recorrer el propio camino.

La *sugerencia* es ser capaces de disfrutar de cada momento del camino que estamos recorriendo para llegar a esa cima de la montaña, o el objetivo personal que nos hemos marcado, porque quizá descubriremos que el éxito está en recorrer el camino, aunque no se alcance la cima.

En el camino nos esforzamos, tenemos sensaciones, experimentamos situaciones inesperadas que tenemos que superar, compartimos con nuestros compañeros del camino, a veces nos ayudan, a veces les ayudamos, y siempre nos aporta algo. Lo cierto es que en la montaña, no es llegar a la cima lo más importante, como sabemos los que hemos tenido situaciones complicadas, sino volver sanos y salvos al Refugio o al Valle (o Glen como dicen en Escocia) desde donde hemos comenzado.

En el cumplimiento del objetivo puede pasar lo mismo y quizá haya que renunciar en algún momento o cambiar de objetivo durante el proceso, pero lo verdaderamente importante es disfrutar del camino, y si se hace en compañía, mucho mejor.

Flexibilidad y capacidad de adaptarse: resiliencia

Totalmente vinculado con lo anterior, se encuentra esta cualidad que debemos de tener en nuestro desarrollo personal. La resiliencia es, tras ser sometidos a tensión, la capacidad para volver al estado inicial. Resiliencia también como capacidad de adaptarse a la adversidad, afrontarla y salir reforzado de ella. Nos van a pasar cosas que no nos gustarán. Otras que sí.

Existe un libro que leí por primera vez cuando tenía 17 años titulado *El vendedor más grande del mundo* escrito por Og Mandino. Si tenéis la oportunidad de leer la biografía del autor, su vida es ya un ejemplo de resiliencia. Disfruté mucho con los diferentes pergaminos que describen el protagonista y las enseñanzas que se extraen.

Todavía no sé muy bien la razón de que uno de los conceptos que se menciona muy poco en el libro se me haya quedado marcado para siempre y lo he tenido presente desde entonces: "Todo pasará."[9]

Con el tiempo te das cuenta de que es así, tanto lo bueno como lo malo, debemos tener claro que pasará, por ello la capacidad de flexibilidad y adaptación va a estar muy ligada a la capacidad para asumir que no nos podemos hundir cuando algo sale mal, ni dejar de estar alertas excesivamente cuando las cosas salen bien porque es posible que algunas veces se vuelva al estado anterior.

La *sugerencia* es disfrutar de cada momento ("carpe diem" decían antiguamente), siendo conscientes de cada hecho que nos ocurra en la vida. Sabiendo que todo pasará.

CUARTO CAMPO DE CULTIVO:

DINERO

"Precio es lo que pagas, valor es lo que recibes".
Warren Buffett

"Quienes creen que el dinero lo hace todo,
terminan haciendo todo por dinero".
Voltaire

"Si sabes gastar menos de lo que ganas, has
encontrado la piedra filosofal".
Benjamin Franklin

Cuarto campo de cultivo: DINERO

El dinero es importante. El dinero es muy importante. Tenéis que saber qué hacen vuestros padres para que estéis aquí. Preguntad en casa por los gastos, cuánto cuesta la luz, el agua, el teléfono,... hipoteca ¡Investigad! Seguro que sois testigos de los esfuerzos que los adultos tienen que hacer para ganar el dinero y es seguro también que valoráis lo que hacen vuestros padres.

El valor del dinero

Una vez que como joven eres consciente del valor del dinero, tanto por el esfuerzo necesario para conseguirlo como por lo que cuestan las cosas, es cuando realmente el dinero pasa a tener otra importancia en la vida. Y esa importancia es la justa, es decir, no más que un mero elemento para administrar, no para atesorar. Porque ahí está el verdadero problema del dinero, y es que se cambie el rol que tiene.

Para entenderlo no hay nada mejor que un cuento. Os recomiendo el cuento de *"El Circulo del 99"* que podéis encontrar en Internet. Hay muchas versiones del mismo concepto, se ilustra de maneras diferentes, pero todas tienen la misma enseñanza.

Os sugiero que estéis atentos a no caer en el Círculo del 99.

El dinero como generación de riqueza.

El dinero tiene una función muy importante y es la propia creación de valor generando empleo, creando riqueza en el lugar donde se distribuya. Por supuesto hablamos de empleo de calidad. Son muchos los ejemplos de personas que han buscado ese objetivo en sus aventuras empresariales y precisamente a ellos debemos descubrir como muy buenos generadores de valor.

En este apartado no me puedo resistir a contar la experiencia que tuve hace cuatro años cuando en un mismo verano adquirí tres libros diferentes sobre el tema del dinero. Aunque no me gusta creer en las casualidades, ese verano quizá tuve que cambiar de opinión porque resultó sorprendente que encontrara tres lecturas tan distintas y a la vez tan complementarias en varios lugares donde estuve con mi familia de vacaciones.

El primero se titulaba *El banquero de los pobres* de Muhammad Yunus (2008), premio nobel de la paz en 2006. Había leído de vez en cuando alguna referencia a su proyecto pero hasta ese verano no conseguí llegar a los detalles y saborear una iniciativa que de principio estaba inspirada en crear riqueza en un entorno de gente pobre.

Cuando hace unos días estaba volviendo a repasar documentación para la experiencia de hoy, observaba en Internet que posteriormente ha habido polémicas con ataques por unos sectores y defensas por otros.

Personalmente creo que, sin adentrarnos en las polémicas, se puede concluir que hubo un consenso muy amplio en la comunidad internacional con la idea inicial de este economista y luego banquero. Fue el creador de los microcréditos para apoyar a sectores pobres de la población, primero en India donde él residía, con el fin de potenciar el emprendimiento en gente que no tenía un mínimo acceso a recursos económicos.

El segundo, y bien diferente al primero, fue la biografía *Warren Buffett* escrita por Hagstrom en 2011 que retrata el recorrido vital de este inversor financiero. De este libro y de otras fuentes de información he sabido que este hombre es muy respetado y famoso no solo por las exitosas inversiones que ha realizado, sino también por su filantropía.

Además, se puede leer en diferentes medios de comunicación que su compromiso social le ha llevado a manifestarse partidario de subir los impuestos a los ricos, a anunciar que donará más del 90% de su fortuna a distintas ONG y fundaciones antes de morir y a ser uno de los que más dinero invierte en causas sociales.

Como curiosidad se cuenta que a pesar del alto patrimonio que posee, puede presumir de austeridad ya que sigue viviendo en la misma casa que compró en 1958 y tiene uno de los sueldos más bajos entre los directivos. De hecho, al poco tiempo de comprar acciones de Coca–Cola y convertirse en uno de los mayores accionistas, criticó el sistema tan elevado de compensación a sus directivos para que se redujeran las compensaciones.

De esta biografía hoy traigo el concepto que él llama generar riqueza en lo que se invierte, hacerlo a largo plazo y en áreas que entienda, siempre con la intención de aportar valor, aportar riqueza. Lo interpreto con el sentido contrario a una mera especulación, es decir, obtener grandes beneficios en poco tiempo sin aportar valor.

El tercero de los libros de aquel verano fue: *Padre rico, padre pobre* escrito por Robert Kiyosaki y Sharon Lechter *en 2008*. El autor, para explicarnos diferentes maneras que algunas personas tienen de gestionar el dinero, lo cuenta desde la perspectiva de dos jóvenes que analizan la administración del dinero de cada uno de los padres.

En un caso, uno de los padres, pese a tener altos estudios universitarios y doctorados, está siempre agobiado con el dinero, y el otro, con menos formación, gestiona el dinero con una perspectiva absolutamente diferente. El primero entra en lo que el autor llama *la carrera de la rata,* [10] en la que cuanto más dinero ganas más te endeudas y más consumes; mientras que la otra posición no gasta más de lo que ingresa, destina parte al ahorro para tiempos de crisis y realiza inversiones productivas.

Aunque el libro se presenta casi como un manual para ser rico y quizá haga un planteamiento entre los ricos y los pobres, diferente a mi modo de ver la sociedad, sugiero la lectura del mismo por lo formativo en cuanto a la gestión del dinero desde edades tempranas. De hecho sería una muy buena opción si se incluyera alguna asignatura sobre esta gestión en los estudios a los 17.

Aquí la *sugerencia* es que cada uno, o su familia, se tendría que gestionar como una empresa: analizar los ingresos y gastos, las deudas, los beneficios que quiere tener, qué va a hacer con ellos antes incluso de tenerlos, cómo se prepara para la siguiente crisis (gestión de ahorros, minimizar gastos). Contratación de personal. … Dependiendo del dinero que tenéis o tienen vuestros padres os podéis permitir trabajos voluntarios y/o remunerados. En incluso los dos tipos a la vez, muchos lo hemos hecho.

Concluí el verano con una visión variada del concepto de aportar riqueza, o en nuestra experiencia de hoy: Aportar Valor. Un gran inversor internacional que lleva un estilo de vida moderado invierte a largo plazo siempre que pueda generar riqueza; un banquero en India que se compromete personal y profesionalmente con las clases desfavorecidas con alternativas financieras; y por ultimo una propuesta de gestión económica personal de nuestros propios ingresos, gastos y finanzas.

¿Low cost style? ¿Lean Management?

Son palabras de moda que vemos en el día a día, pero lo cierto es que son otras formas de hablar de un estilo que lleva muchos siglos practicándose por aquellos que gestionan eficientemente el dinero: contención del gasto; o también podríamos decir: eliminar lo superfluo, descubrir y quitar el desperdicio.

Cada uno en su vida personal debe analizarlo, pero el hecho cierto es que en esta época de crisis que nos está tocando vivir, todas aquellas personas, organizaciones y empresas que han sabido mantener un nivel básico de gestión del gasto en las épocas de bonanza, son las que más fácilmente superan la crisis y pueden seguir aportando valor a la sociedad. Las que no lo han hecho…ya hemos visto el resultado en las noticias. Incluso aquellas personas que han vivido por encima de sus posibilidades económicas.

¿… y con los que no tienen dinero?

Y por supuesto la gran *sugerencia* cuando hablemos de dinero aparte de crear riqueza, empleo, gestionar eficientemente nuestro dinero, debe ser en paralelo preguntarnos qué pensamos o hacemos con los que no lo tienen.

La primera razón de esta pregunta reside en el hecho de que podríamos ser nosotros mismos los que no tenemos dinero, y a partir de ese momento veremos el mundo de otra manera.

Si entendemos que la situación de los que no tienen se debe a algún tipo de injusticia social, siempre tenemos la alternativa de apoyar esos cambios estructurales necesarios para luchar contra las injusticias. Y si por una casualidad, alguna vez en nuestra vida, llegamos a pensar que no tienen porque no han trabajado lo suficiente, o porque son holgazanes o, incluso, llegamos a pensar que se lo merecen, en ese momento,... en ese preciso momento,... la sugerencia es que nos pongamos físicamente delante de un espejo y despreciemos a la persona que observamos enfrente de nosotros.

Nuestra aportación de valor debe serlo desde una óptica global, y esta globalidad solo la podremos tratar si observamos todos los sectores sociales, especialmente los más desfavorecidos.

Debemos tener en cuenta los efectos de nuestras acciones económicas sobre estos últimos, nuestras compras de productos o servicios, de dónde vienen, cómo se fabrican,... porque la sostenibilidad que buscamos no es sólo económica, sino también social y medioambiental. Efectos negativos en el medio ambiente implican más pobreza, políticas sociales injustas que generan más gente pobre.

Por todo lo anterior, la *sugerencia* es pensar que cada vez que tengamos beneficio, podemos encontrar una manera para repartir parte del mismo con los que no lo tienen. Encontremos cada uno la nuestra, pero busquémosla y pongámoslo en práctica. No como una limosna para dejar limpia nuestra conciencia, sino como un compromiso con el resto de personas con el que compartimos el presente y parte del futuro, como un compromiso global, como una forma más de Aportar Valor.

Red de Grupos de Interés (Stakeholders)

"Una empresa nunca tiene éxito por sí misma. Tiene éxito porque ha creado una red excelente de grupos de interés que participan del negocio y sus resultados. Si es capaz de satisfacer a todos ellos, asegurándose de que reciben un beneficio, es probable que obtenga una rentabilidad a largo plazo más alta que si solo se dedica a maximizar los beneficios a corto plazo para sus accionistas"[11] del libro *Marketing 3.0* de Philip Kotler con Kartajaya y Setiawan (2012).

Esta frase sacada de la nueva tendencia en el marketing nos demuestra que la sociedad empresarial está virando claramente hacia una dirección de búsqueda de beneficio global, no sólo individual. Hace varios años el objetivo era vender el producto y obtener el máximo beneficio. Esa práctica ha derivado en muchos de los problemas sociales que vemos día a día.

Hoy las empresas deben fijarse en el beneficio que obtendrán no solo los accionistas (*shareholders*), sino también los empleados, los suministradores, clientes, gente del entorno,... lo que llamamos grupos de interés (*stakeholders*).

Sin ningún tipo de ingenuidad al tratar este asunto, somos conscientes de que una empresa debe obtener beneficios económicos para poder seguir funcionando. Lo que marca la diferencia actualmente es que si se pretende que esos beneficios sean sostenibles, la empresa, organización o grupo, debe tener en cuenta los intereses del máximo número de grupos de interés con los que se relaciona la actividad, y tratar de satisfacer sus expectativas.

No todas se podrán satisfacer, pero si se tienen en cuenta todas y se trata de satisfacer el máximo de ellas, las probabilidades de éxito serán mayores. E incluso, al tener en cuenta las que no se pueden satisfacer o bien porque esos agentes de interés piden cosas imposibles, o bien porque no se tienen recursos suficientes para satisfacerlos, al menos, se tiene el conocimiento de ese riesgo permitiendo establecer las medidas para controlarlo.

"Soy economista y os pido disculpas"

Es el título de un libro que leí hace poco de la autora Florence Noiville (2011). Hace una interesante reflexión acerca de cómo se ha llegado a una situación de crisis económica de enormes repercusiones debido, entre otras cosas, al hecho de que muchos profesionales encargados de las decisiones económicas y financieras estaban preparados para brillar en el momento y no construir algo a largo plazo.

Describe la necesidad de enseñar en las propias escuelas de negocio más asignaturas de *"Humanidades: Filosofía, Psicología y Ciencias humanas, historia económica, Ética... En resumen, el verdadero saber, no técnicas incorpóreas."* [12]

Lectura

"...tuve un sueño. Un sueño de economía–ficción. Estoy en el campus, en el año 2019, y lo reconozco todo: la salida hacia Vauhallan, el edificio de las aulas, el parque. Sin embargo, tengo la impresión de que algo ha cambiado, aunque no puedo decir qué. La escuela no es en absoluto la misma, pero tampoco es otra.

Un alumno me propone asistir a una clase de su especialidad en "pobreza". ¿Pobreza? Efectivamente, me explica. Ahora, cada especialidad de la carrera se corresponde con una cuestión de la sociedad: medio ambiente, empleo, sanidad, pobreza,... No salgo de mi asombro. ¿Han desaparecido las opciones clásicas, como finanzas, marketing o estrategia? Me responde que no, que están presentes en todas las clases, pero estas técnicas se han puesto al servicio de los problemas que aquejan al conjunto de la sociedad.

"Ya sé que en el siglo XX era justo al contrario. Pero creemos que es precisamente esta absurda inversión lo que hizo que la enseñanza se desconectara del mundo real y causó la catástrofe

---

> *económica de 2008. Esto lo hemos aprendido en Historia. Además, nos motiva mucho más ayudar a solucionar los..."*
>
> *De repente se interrumpe. El profesor acaba de llegar y comienza un estudio del caso.*[13]

Por eso la sugerencia es que todos aquellos que estudiéis temas económicos o trabajos donde tengáis que hacer gestión y administración de empresas, procuréis no desconectaros de la vida real, de los problemas de la sociedad.

La última crisis económica que estamos todavía viviendo tuvo su origen claramente en una deformación de los principios de la gestión del dinero: el egoísmo, el no pensar en los demás, en buscar solo formas de lucro aprovechándose de los que tienen menos posibilidades económicas, sociales o culturales.

Cuarto campo de cultivo: DINERO

QUINTO CAMPO DE CULTIVO:

TIEMPO

_Los que emplean mal su tiempo son los primeros
en quejarse de su brevedad".
Jean de la Bruyère_

_"Para toda clase de males hay dos remedios: el
tiempo y el silencio".
Alejandro Dumas_

_"Utilicemos el tiempo como herramienta, no como
vehículo".
John F. Kennedy_

Quinto campo de cultivo: TIEMPO

Escuchamos muchos más tratados sobre cómo gestionar el dinero que el tiempo. Lo cierto es que debería ser al contrario. Deberíamos ocuparnos más de lo segundo, entre otras cosas, porque lo primero irá implícito a cómo gestionemos lo segundo. En las empresas se busca gente excelente en la gestión, especialmente en el aprovechamiento del tiempo.

El tiempo como un activo

Hemos de verlo así, como un activo que se nos ha dado desde que nacimos. El cómo lo utilicemos, si somos nosotros los que decidimos, si dejamos que otros decidan sobre qué hacer con nuestro tiempo, es lo que marcará la gestión del activo.

Y digo activo, porque no es un pasivo. Permítaseme esta analogía con conceptos contables. Un pasivo es algo que se debe, que hay que tener siempre presente para saldar. En cambio un activo es aquello que tenemos y nos permite invertir, nos permite crear valor y sobre todo riqueza (de la que ya comenté en el capítulo anterior). Por ello nuestro tiempo hemos de verlo como aquello que nos permita crear riqueza, aportar valor. ¿Cuánto tiempo destino a cada área de mi vida?

Por ejemplo, hay algunos que piensan que su gestión del tiempo les implica no hacer deporte y faltan a un partido o entrenamiento porque tienen un examen al día siguiente. En cambio dejan de lado la verdad sobre el hecho de que hacer deporte genera endorfinas y esas hormonas nos ayudan a estar más activos y con mayor capacidad de atención, al margen de que incumplen su compromiso con el entrenador y el resto de compañeros.

Si un día de estudio no te está cundiendo, déjalo, déjalo cuanto antes y haz deporte para luego volver con la mente despejada; al contrario de lo que puedas pensar la primera vez que te ocurra, te ayudará a aprovechar más el tiempo.

Experiencia 24: Prisionero de un ladrón de tiempo

Hace muchos años organizamos una dinámica con niños de 12 a 13 años en una actividad de tiempo libre. Era un atardecer del mes de julio, en un sitio precioso de las montañas del Pirineo y suficientemente protegidos del frio para permitir una velada tranquila y cercana.

Se les planteó a los niños que dibujaran en una hoja de papel que se les suministró a tal fin, un círculo. El propio círculo iba a representar el tiempo que dedicaban durante la semana a las diferentes actividades que realizaban. Tenían que dividir el círculo en porciones, como si cortasen una tarta, proporcionales al tiempo que asignaban a cada actividad.

Como siempre en estos ejercicios lo verdaderamente interesante es el debate que se origina al finalizar y comentar la evolución del mismo. Al comentarlo en grupo hubo que hacer ver a

---

algunos que debía existir al menos una "porción" que fuera aproximadamente un tercio del tiempo que era lo que necesitaban para dormir. Tras los ajustes precisos, se compartió todo lo realizado.

Lo que más me impactó (lo he reflexionado mucho durante el resto de mi vida, y ahora veo la distribución del tiempo que hacen mis hijos) fue el tiempo que dedicaban a ver la TV para "ver qué daban". Hay que tener en cuenta que hace 25 años no había internet, ni tablets,... Es decir, si lo comparamos con el momento actual habría que ver el tiempo que se dedica a alguno de los medios que tenemos al alcance para "ver qué dan". En aquel momento algunos niños comentaron que veían la TV al menos unas 20 horas a la semana. Había algunos que desayunaban viendo la TV, volvían del colegio y merendaban viendo la TV, hacían los deberes delante de la TV, y los fines de semana, se podían llegar a pasar tardes enteras delante del aparato.

¿Cuál fue la razón de que me impactara tanto?: algo personal.

En aquellos años yo estaba estudiando segundo curso en la Universidad, y escuchando a los niños aquella noche, me sentí totalmente identificado. Con algunos años más que ellos, pero en el fondo, yo estaba haciendo algo parecido. De hecho me tuve que confesar a mí mismo que ese año suspendí y tuve que repetir un curso, entre otras cosas, por una cuestión de gestión del tiempo relacionado con la TV.

En aquel entonces yo era de aquellos que decían: "me voy a ver la tele un rato para relajarme, y luego me pongo a estudiar". Principalmente después de comer, cuando volvía de las clases, me ponía a ver una serie que nunca olvidaré "Falcon Crest". Al acabar, era incapaz de ponerme a estudiar. De hecho estaba tan descentrado que hasta media hora después de finalizar la serie no era capaz de sentarme enfrente de los libros, y cuando lo hacía, no me concentraba. Después, la tarde se complicaba con otras actividades y no conseguía sacar el tiempo suficiente de estudio.

Ver la TV, o ahora ver vídeos en internet o simplemente navegar por la red viendo cosas, no facilita la capacidad de estudiar, sino todo lo contrario.

Lo comprendí un poco tarde, y ya no pude recuperar las materias para aprobar los exámenes.

Afortunadamente a partir del siguiente curso y hasta que terminé los estudios universitarios, mi relación con la TV o aquellos elementos que me pudieran distraer del rato de estudio, pasaron a otro nivel.

Los ladrones del tiempo

La primera vez que oí hablar o leí algo sobre el concepto de los *ladrones del tiempo* fue cuando cayó en mis manos el libro de Momo de Michel Ende. Esos hombres de gris que te roban el tiempo, lo hacen tan bien que no te das cuenta. Una bonita metáfora para algo tan importante.

La segunda vez fue cuando ya en mi etapa profesional y en un curso de directivos de la compañía multinacional para la que trabajaba, el formador nos habló de ese concepto. Nos decía que cuando trabajamos somos objetos de continuos ataques de los "ladrones del tiempo" y para poder hacer bien nuestra función en nuestro puesto debemos identificarlos.

Cuando estás trabajando y el ordenador es tu herramienta de trabajo, uno de los grandes ladrones del tiempo es el correo electrónico. Hay gente que no sabe controlarse y en cuanto le llega un correo electrónico deja lo que está haciendo, lo abre, lo lee e incluso contesta.

Muchos tenemos configurado para que los correos se reciban en el mismo momento en que el emisor los envía. ¿Es necesario? ¿No sería más eficiente que los recibiéramos cada cierto tiempo, cada media hora, cada hora,…? O, en vez de configurar el ordenador, ¿somos capaces de configurar nuestra fuerza de voluntad y simplemente no abrir los correos electrónicos cuando nos llegan?

La *sugerencia* es distinguir si el correo electrónico es nuestro ladrón del tiempo y debemos, o no, mirarlo o no abrir los correos durante un rato programado, o hasta que hayamos terminado la labor que estemos realizando.

Alguien puede decir: "Sí, eso está muy bien, pero yo tengo un jefe que se enfada si tardas mucho en contestarle al correo electrónico". A esa gente hay que decirle que o cambie de jefe o valore comentárselo y explicarle que esa costumbre es un ladrón del tiempo y que no puede contestar al momento de recibirlos.

Por supuesto ahora el ladrón del tiempo lo llevamos con nosotros, en el bolso, en el bolsillo de la chaqueta, en el bolsillo de la camisa, y, el máximo extremo que he encontrado: siempre en la mano. Como podéis imaginar me refiero al teléfono móvil o Smartphone, y todo lo que lleva asociado de programas de mensajería instantánea, redes sociales y diversas aplicaciones que "al instante" me hacen recibir mensajes del "mundo exterior".

Es muy importante confirmar si ese no es otro ladrón de tiempo, y qué actividad o compromiso es lo que me impide hacer apropiadamente porque me distrae o simplemente me aparta de la actividad.

El resto de ladrones de tiempo, llamadas telefónicas, otras personas que se comunican contigo inesperadamente cuando estás estudiando o trabajando,… hay que identificarlos y tratarlos adecuadamente para que no perjudiquen la acción de aportar valor que estemos realizando.

¿Cómo utilizamos el tiempo de los demás?

No sólo nos tenemos que ocupar de nuestro tiempo, sino también del de los demás. A la gente no le gusta que se la moleste cuando está estudiando o cuando está trabajando. Por ello, lo primero que tengo que hacer cuando interrumpo a alguien es pedir disculpas, porque en ese momento soy un "ladrón del tiempo" para ella o él.

Y lo segundo es economizar mi comunicación con esa persona. Todos conocemos amigos, familiares o compañeros de trabajo que no saben decir las cosas brevemente. Se extienden más de lo necesario y son incapaces de resumir y destacar lo verdaderamente importante de su discurso.

Por ello la _sugerencia_ es que cuando nos dirijamos a otros, recordemos cómo nos sentimos cuando esas personas se comunican con nosotros, y en ese momento hagamos un esfuerzo máximo de economizar nuestras palabras. Si puedo decir algo con siete palabras, no lo diré con diecisiete.

Por otro lado, es posible que en algún momento tengáis un rol o puesto de trabajo de supervisor de personas o equipos de personas y entonces, este apartado llega a su máxima expresión. Si tenemos que gestionar el tiempo de los demás necesitamos el máximo de información posible sobre las personas, los recursos que tenemos y el entorno en el que tenemos que trabajar para tomar decisiones.

Lo anterior es parte de un buen liderazgo y será importante formarse también para realizarlo óptimamente y tratar adecuadamente a las personas. Desde la época estudiantil tenemos que hacer trabajos en grupo, tenemos que usar nuestras habilidades para tratar a los demás y conseguir juntos los objetivos.

La propia experiencia que vayamos adquiriendo desde jóvenes y la formación en liderazgo permitirán que aportemos valor también gestionando equipos.

El tiempo es un recurso que se nos ha dado

A no ser que hayamos nacido en una familia rica, el dinero no lo tenemos cuando nacemos. Nos lo van dando nuestros padres y luego lo ganamos nosotros cuando comenzamos a trabajar. En cambio, el tiempo sí se nos ha dado al nacer, es nuestro, lo tenemos todo por delante.

Habrá cosas que la propia sociedad nos insta a acometer, y es ahí cuando debemos tener la capacidad suficiente para verificar si somos nosotros quienes estamos eligiendo lo que hacer con el tiempo o si es nuestro entorno, o incluso nos estamos dejando mover como si fuéramos marionetas.

El tiempo está ahí, hagamos un buen uso de él. Y si es para aportar valor o entrenarme en aportar valor, aún mejor.

El tiempo que no nos pueden quitar

Aunque me repita con un concepto que he comentado antes, considero que merece la pena volverlo a mencionar en este apartado. Debe haber algo que nos haga "vibrar", algo que nos sirva de palanca para relajarnos, divertirnos, aislarnos o sujetarnos ante momentos de tristeza o desasosiego.

La *sugerencia* es que ese tiempo no nos lo pueden robar. Programémoslo en nuestra vida, mantengamos ese compromiso con nosotros mismos para tenerlo. Acordemos ese tiempo con los demás, si necesitamos que nuestros padres, hermanos o nuestra pareja nos apoyen para liberarnos de algunas obligaciones. Es importante, y también es importante que se lo permitamos a aquellos que nos lo piden cuando estamos en el otro lado de la valla y somos esos padres, hermanos o pareja y la otra u otro nos lo pide.

Experiencia 25: Estudiar con cuatro cuartos

Conozco una persona que con 37 años se puso a estudiar de nuevo mientras trabajaba. Durante cuatro años compatibilizó su trabajo, los estudios y su vida familiar. De hecho durante ese período de estudios le nacieron dos de los tres hijos que tiene con su pareja. Fue un reto para esta persona y, sobre todo para la pareja. Por supuesto fue un compromiso de los dos el cómo gestionar el tiempo para que uno pudiera estudiar.

Durante la época universitaria, esta persona estaba acostumbrada a estudiar por las noches. Pero en esa segunda situación en la que se puso a estudiar de nuevo, tras días duros de trabajo y obligaciones familiares por la noche, cambió y se levantaba temprano para sacar un par de horas de estudio antes de ir a trabajar.

Para el fin de semana tenía un acuerdo con su pareja de tal manera que dividían el fin de semana en cuatro cuartos: dos mañanas y dos tardes de ocho horas cada cuarto. El compromiso era que dos cuartos los pasaba estudiando y los otros dos con la familia.

Consiguió acabar los estudios y lo más importante es que mientras estudiaba vino una de las crisis económicas más importantes, muchas personas perdieron su trabajo y esta persona continuó aportando valor en su empresa durante sus estudios y posteriormente porque incluso llevó a la práctica laboral conceptos nuevos que había aprendido.

Este es solo un ejemplo, pero afortunadamente dentro del círculo de personas con las que me relaciono, son muchos los que entre los 37 y los 47 años han emprendido estudios o para adaptarse a los entornos económicos cambiantes o simplemente por placer personal.

Y el hilo común en todos esos casos ha sido una adecuada gestión del tiempo personal y familiar.

El tiempo que sobra, qué hacemos con él

¿Realmente me sobra tiempo? Todos hemos convivido con compañeros en el Colegio, en la Universidad y luego en el trabajo que estaban siempre ocupados, y notábamos que aprovechaban el tiempo al máximo. Sacaban buenas notas, hacían deporte, ayudaban en la familia, hacían alguna actividad aparte, e incluso alguna vez nos los encontrábamos por ahí en alguna fiesta con amigos.

Esos son lo que más nos impactan en la gestión del tiempo. Busquémoslos, observémoslos y aprendamos.

La experiencia dice que cuanto más tiempo libre tienes, menos lo aprovechas. Si tienes poco rato, aprovecharás con mucha más concentración que si te sobrara el tiempo. Hay una máxima que alguien me dijo una vez: "Si tienes un encargo urgente que hacer, pídeselo a alguien que esté muy ocupado." ¡Es totalmente cierto! Lo he comprobado. Cuando he pedido algo a alguien se ha cumplido en un sentido y en otro.

Quinto campo de cultivo: TIEMPO

<u>SEXTO CAMPO DE CULTIVO:</u>

<u>AVANZAR</u>

"La vida es como montar en bicicleta, para mantener el equilibrio te tienes que mantener en movimiento."
Albert Einstein

"El 90% del éxito se basa, simplemente, en insistir".
Woody Allen

"Cada fracaso le enseña al hombre algo que necesitaba aprender".
Charles Dickens

Las empresas, las organizaciones y los grupos avanzan y sus miembros tienen que ser conscientes de ello. Muchas veces a pesar del entorno y otras muchas incluso a pesar de las personas que las componen, porque ellas mismas pueden llegar a ser auténticas rémoras para permitir continuar hacia adelante. Afortunadamente, la mayoría de la veces son las personas las que consiguen seguir adelante.

La sociedad ha evolucionado, habrá cosas que nos gusten más que otras, pero no podemos negar que si no participamos en ese avance, no nos podremos luego quejar ni lamentar. Utilizando el símil del principio de la experiencia de hoy, podemos elegir, o no, "subirnos al tren", que estará siempre en movimiento.

Cualquier tiempo pasado fue mejor….

El título, aparte de ser una canción de hace unos años es además... ¡una mentira! Nunca, nunca, os dejéis engañar por frases como esa o planteamientos de que "… lo de antes era mejor…" o incluso " …ahora la gente no sabe aprovechar el tiempo como antes". Es una absoluta falta a la verdad. Cada tiempo tiene sus situaciones, y las actuales son diferentes a las anteriores.

El planteamiento con el que está construida la experiencia que hoy exponemos es que: "¡TENÉIS MUCHA SUERTE DE VIVIR EL TIEMPO QUE VIVÍS", y yo completo la frase diciendo: "SIEMPRE

QUE VIVÁIS LA EXPERIENCIA APORTANDO VALOR A TOPE!".

Estamos a principios del siglo XXI donde las posibilidades son infinitas. También lo eran antes,... Ahora las posibilidades de compartir información, conversaciones, imágenes, vídeos,... nos permiten muchas áreas de mejora.

La *sugerencia* es que aprovechéis todas las posibilidades que tenéis en el tiempo que os ha tocado vivir

Tirar hacia adelante

Hace varios años, cuando me integraron en el equipo directivo de una multinacional, tuve la fortuna de poder asistir a un curso de Negociación. Solo tenía 33 años y aquello de que una empresa invirtiera en mi formación era algo especial que valoraba mucho. El curso se celebró en Madrid, el consultor que lo impartió me pareció que tenía mucha experiencia en el tema, especialmente en transmitir e ilusionarnos por la experiencia que vivimos.

Nos dio una buena metodología para enfrentarnos a las diferentes negociaciones que podríamos tener en nuestro trabajo del día a día. Lo que supongo que él nunca sabrá es el efecto que aquel curso produjo en mí. No solo tuvo que ver con los conceptos que transmitió y la experiencia que vivimos, sino también con el libro que nos recomendó: *Inteligencia Emocional* de Daniel Goleman (2002).

Días después de salir del curso me lo compré y lo leí. Reconozco que me costó asimilar los conceptos que incluía la primera parte, pero esa manía que tenemos algunos de tratar de acabar aquello que empezamos, me empujó a seguir leyendo. Y afortunadamente lo hice, porque la segunda parte del libro me pareció fantástica, llena de entusiasmo y sobre todo me impactó el gran concepto que él explica.

Sin desvelar sus principios, sí quiero exponer una de las conclusiones que expone, o quizás yo quise entender: nuestra inteligencia emocional está vinculada, entre otras, con la capacidad que tenemos para superar las continuas frustraciones que tenemos.

Desde niños nos frustramos cuando no nos dan todos los caramelos que pedimos. Cuando somos jóvenes si el resultado de un examen no es el que esperábamos. Cuando gestionamos un proyecto desde el sector empresarial o social, puede que no obtengamos lo que buscamos al primer intento.

De ahí la necesidad de saber que en la vida encontraremos muchas ocasiones en las que el resultado será diferente al que esperamos, y eso (es quizá de lo más importante de esta experiencia que estamos viviendo hoy), no nos puede frenar para volver a intentarlo.

Experiencia 26: Creatividad en Nochevieja

Soy conocedor de una experiencia que vivieron unos padres hace pocos años durante las fiestas navideñas. Tenían tres hijos pequeños, entre 4 y 9 años en aquel momento. Habían decidido celebrar con toda la familia la cena de Nochevieja en su casa a la que acudirían varios familiares entre tíos y abuelos de los niños. La familia de cinco al completo había organizado con mucho esmero la cena, los adornos, todos los preparativos para recibir el Año Nuevo y unos juegos para el comienzo de la noche, hasta llegar a ser 12 personas. La ilusión de los niños era enorme.

Pero por una situación inesperada seis de los familiares que iban a ir a la cena comunicaron que había surgido un inconveniente muy importante y no podrían asistir.

Los padres se encontraron con los tres niños en una situación en la que si no hacían algo, los tendrían tristes al terminar el año y comenzar el siguiente.

Con espíritu emprendedor, los padres convocaron a los niños y les dijeron que como esperaban a 12 comensales y solo se garantizaba la asistencia de 6 personas, iban a hacer algo para que hubiera 12. Lo que decidieron fue que cada uno de los niños y los tres adultos que cenaron fabricara un "avatar".

Fueron a comprar globos, palos, telas y otros utensilios para que por la noche, antes de empezar a cenar, cada uno tenía atado a su silla un palo con otro cruzado que iba a sujetar la tela que cada uno pusiera. En la punta del palo largo, ataron un globo.

Cada niño y adulto tuvo que dibujar cara al avatar usando el globo como cabeza y con los utensilios que tenían tuvieron que disfrazar a su avatar. Luego, tuvieron que explicar quién y qué era, cómo se comportaba y qué le gustaba hacer para celebrar el nuevo año. Por supuesto no faltó el momento en el que los avatares contaron las ilusiones que tenían para el año venidero.

La cena de 12 comensales en la que la mitad fueron avatares hechos con globos, palos y telas, fue un gran éxito que permitió superar y avanzar en una situación complicada de gestionar.

El esfuerzo de la continuidad es el componente principal de muchos de los logros conseguidos en la vida. Se dice que Thomas Alba Edison tuvo muchos fracasos antes de conseguir que un hilo incandescente produjera lo que buscaba, y de ahí se inventó la luz. Se le asigna la frase de: "Muchos de los fracasos vitales son de gente que no se dio cuenta de lo cerca que estaba del éxito cuando decidió rendirse".

Tirar la toalla es muy tentador, especialmente cuando los fracasos se repiten. Pero es precisamente la concatenación de intentos fallidos lo que puede conducirnos al éxito.

El propio Benjamin Franklin, principal contribuidor a la Constitución de Estados Unidos, tuvo una vida de éxitos precedida por muchos fracasos previos que le llevaban al objetivo. La frase que se le asigna: "No he fallado la prueba, sólo he encontrado cien maneras para no hacerla mal" explica sobradamente esta manera de pensar.

No nos tiene que dar miedo el fracaso, nos tiene que dar miedo no intentarlo. De hecho hace unos pocos días leía un artículo en una revista en la que se exponía que en algunos sitios actualmente están "pagando a la gente por equivocarse". Era un slogan difícil de entender si no se accedía al interior del texto donde describía que se están fomentado centros de investigación e innovación permitiendo a la gente equivocarse para volver a intentarlo de nuevo.

Quizá sea una de las bases de algo que comentaremos más tarde sobre la propia creatividad.

No preocuparse, sino ocuparse.

Otra de las frases que en nuestra vida laboral se suele repetir mucho es la de "me preocupa que...". Cuando alguien dice, o peor, escribe en un correo electrónico dirigido a otras personas que le preocupa que algo pase, o algo no ocurra, realmente solo está transmitiendo su pasividad.

En nuestro trabajo nos encontramos con miles de personas expertas en "preocuparse" y sobre todo "destacar dónde están los problemas". Nos encontramos con compañeros que llegan a una reunión y su exposición consiste en anunciar que han encontrado un problema.

El asunto es que una vez que lo dicen, si los observas, detectas que se quedan muy orgullosos, por "el gran descubrimiento que han hecho". Incluso, nos miran a los demás como diciendo "¡impresionaos, me he dado cuenta de este problema!".

El inconveniente para ellos es que a veces no saben que los demás ya hemos visto el problema y estamos pensando en el siguiente paso, en la búsqueda de soluciones.

Experiencia 27: Ocupado

En mi etapa empresarial tuve una situación muy singular que me ha marcado el resto de mi vida. Fue con 27 años, cuando de adjunto al Jefe de la División que gestionaba un proyecto, envié un correo electrónico al director del proyecto de la empresa contratista que estaba construyendo la instalación. Teníamos un compromiso de puesta en marcha en menos de un mes.

Escribí el correo y me sentí muy orgulloso de todo lo que había puesto. Había razonado el problema que había encontrado, aportado datos técnicos y de planificación. Con semejante correo, me sentí con la aprobación suficiente para poner una copia a mi jefe, a responsables de otros departamentos e incluso a un Director de Departamento.

Cuál fue mi ilusión cuando un par de horas más tarde, mientras comprobaba mi bandeja de entrada del correo electrónico, vi que había entrado uno del Director de Departamento. Mientras lo abría estaba seguro de que me iba a felicitar por semejante documento que le acaba de enviar.

Lo que leí después no me produjo enfado, ni desilusión, ni siquiera temor por la autoridad, sino un cambio muy importante a la hora de afrontar las

---

relaciones con los demás. El texto del correo decía: "A Ud. no se le paga por preocuparse, sino por ocuparse". Leí de nuevo el correo electrónico que yo había enviado y le había incluido en copia y comprobé que lo había empezado con la frase "Me preocupa que el proyecto no llegue a tiempo..."

Desde entonces, cada vez que veo la frase en las comunicaciones verbales o escritas de otros, me acuerdo de ello y pienso cómo hubiera sido la comunicación si en vez de poner "preocupa" hubiera puesto "ocupa".

Evidentemente en los grupos y organizaciones hacen falta personas que descubran los problemas, pero no son los que realmente buscamos.

La *sugerencia* es que necesitamos personas que se esfuercen en encontrar el problema, lo analicen y propongan soluciones.

Experiencia 28: Tenemos un problema

Conocía a un gerente que cuando uno de sus colaboradores entraba ilusionado al despacho diciendo en voz alta: "¡Tenemos un problema!"

Este le invitaba a salir del despacho y a volver con dos o tres propuestas de solución, a menos que ya hubiera hecho el ejercicio y no se le ocurriera ninguna.

Crear condiciones para recibir la Buena Suerte...

Quizás sea el libro que más he comprado y más he regalado. Nunca hasta el momento actual he hablado con los escritores y no recibo nada por la publicidad que les doy, pero hay que reconocer que cuando algo es bueno, hay que compartirlo. Si fuera una frase o un pensamiento utilizaría las diferentes opciones que nos da Internet y las redes sociales, pero un libro, es un libro, hay que leerlo, prestarlo o regalarlo.

En el año 2007 en la empresa para la que trabajaba me hicieron responsable de dos oficinas diferentes en el mismo país a mil kilómetros de distancia cada una. Eran dos equipos diferentes con culturas y modos de trabajar diferentes, en total unos diecisiete. Esa Navidad regalé a cada uno de ellos un ejemplar del libro *La Buena Suerte* de Alex Rovira y Fernando Trías de Bes, porque todos teníamos algo en común. Posteriormente lo he regalado en seis ocasiones más a diferentes amigos y familiares.

La primera vez que leí el libro me pareció un cuento simpático. La segunda vez fue con 37 años, y el efecto fue mucho más grande que en la primera ocasión. Especialmente porque el concepto es grandioso: *"Para que la Buena Suerte llegue, es conveniente crear nuevas circunstancias."* [14]

Ese comportamiento lo vemos día a día en muchas personas, aunque quizá nos impacte más el contrario, la gente que dice siempre que tiene "mala suerte".

Hay quien dice que no existe ni la buena ni la mala suerte.

Yo digo que los que hemos nacido en una civilización desarrollada en la que nuestro país no está en guerra, donde no se vulneran continuamente los derechos humanos, donde la familia tiene dinero suficiente para darnos de comer e incluso podemos estudiar, … sí debemos de decir que tenemos Suerte.

A partir de ahí debemos completar hasta la Buena Suerte porque de alguna manera nos deberíamos sentir obligados a avanzar y aportar valor en ese mundo donde "por suerte" nos ha tocado vivir. Especialmente para hacer la vida mejor a los que podemos pensar que han tenido "mala suerte".

En el colegio y el instituto me pasaba lo mismo. Había compañeros que se decían a sí mismos que tenían mala suerte cuando suspendían un examen o cuando algo no les salía como ellos querían.

Me gustaba observar a aquellos que al salir de un examen se fijaban en lo que habían fallado como paso para profundizar y mejorar para el siguiente examen.

Todos vemos al "pobre que siempre tiene mala suerte", pero muchas veces suele ser porque la persona así se lo dice a sí mismo y "comparte" con los demás esa mala suerte para que se apiaden de él/ella.

Es la actitud lo que nos bloquea muchas veces y no nos deja seguir. Si muchas veces cuando algo nos sale mal o simplemente diferente a como queríamos que nos saliera (un examen, una cita con otra persona, un proyecto, una conversación con un familiar, un trabajo,...) nos paráramos un rato y antes de pensar en la mala suerte, nos dijéramos a nosotros mismos que hemos tenido buena suerte por lo que hemos aprendido con lo sucedido, por el pequeño avance que quizá hemos descubierto en lo que ha pasado, por el simple acercamiento a la otra persona,... nos iría de otra manera.

Tal y como decíamos antes, Thomas A. Edison no tuvo simplemente "Buena suerte"; lo suyo fue un proceso continuo y constante de superar dificultades, de poner las condiciones para que al final apareciera esa Buena Suerte que él, y millones y millones de personas después llamamos luz.

Justifica tus limitaciones...

Otra de las frases que ha marcado mi vida la encontré en el libro *Ilusiones* de Richard Bach que he comentado antes. Después de haber leído hacía poco tiempo su gran obra *Juan Salvador Gaviota* de 1986, me parecía que todo lo que escribiera me iba a gustar.

Con "*Ilusiones*", al principio no me pasó lo mismo que con el otro libro; comencé un poco incrédulo con la ficción que relataba para transmitir su mensaje pero muy pronto comenzó a cautivarme.

Pero no fue tanto cuando encontré la frase de: "*Justifica tus limitaciones y ciertamente las tendrás.*" [15] Fue increíble porque yo mismo me había estado diciendo que había cosas que no hacía porque simplemente me decía que no podía hacerlas por cualquier causa, que a veces eran excusas y la mayoría de las veces la frase me había evidenciado que me justificaba a mí mismo unas limitaciones que a veces no existían.

Comencé a mirar alrededor, a mis amigos, compañeros y cada día veía reflejada la frase en muchos que como yo no intentaban algo porque ellos mismos se ponían sus propios límites.

Si alguien quiere cursar unos estudios superiores o emprender un negocio o montar una ONG o planificar una ascensión a la montaña que sea, ha de tener muy claro cuáles son los límites de esa empresa que quiere iniciar.

Si para subir a la montaña más alta de los Alpes hace falta tener una preparación física adecuada, me puedo justificar a mí mismo diciéndome que no puedo hacerlo, o en cambio ser consciente de ese límite y tratar de superarlo, en este caso, con un entrenamiento adecuado.

Si para estudiar una carrera universitaria mi familia no me puede dar suficientes recursos económicos y además tengo que ayudar con el negocio familiar, puedo tomar varias opciones o, al igual que han hecho muchos, trabajar y estudiar a la vez. Son precisamente esas personas que día a día nos dan ejemplo con su forma de ver la vida las que provocan cambios. ¿Qué hubiera pasado si Martin Luther King hubiese justificado sus limitaciones en aquella época en la que vivió por el simple hecho del color de su piel? ¿Cuántos otros líderes y pensadores rompieron esos límites y nos han enseñado a seguir hacia adelante?

Después de acabar ese libro, volví a leerme el primero del autor, *Juan Salvador Gaviota* donde se describe a un individuo que trata siempre de ir más allá de lo que es habitual, alguien que, como cita en la contraportada *"cosecha un especial placer en hacer algo bien, alguien que adivina algo más que lo que sus ojos ven, alguien que prefiere volar a buscar comida y comer."*

Hay un momento muy bonito del libro en el que Juan, el protagonista, le dice a Pedro, uno de sus discípulos: *"...el problema, Pedro, consiste en que debemos intentar la superación de nuestras limitaciones en orden, y con paciencia..."*[16]

Entender el valor del "trabajo que no sirve para nada"

Muchas personas sólo saben hacer cosas si a cambio reciben algo, son incapaces de hacerlo sin interés personal. Aquí debo remarcar que a veces hay que hacer cosas que parece que "no sirven para nada." La razón es clara: la propia frase es una falacia, porque lo que para unos es inútil para otros puede servir.

El problema es que si no experimentamos primero de jóvenes esta "actividad" (la de hacer cosas que pueden parecer inútiles), luego en nuestro trabajo diario podríamos caer en el riesgo de no avanzar en tareas, o incluso proyectos que pueden tener una importancia enorme para producir un cambio importante en la sociedad.

Hay personas que no son capaces de emprender tareas, trabajos o actividades si no consiguen ver "el fruto de su trabajo". Los que estamos acostumbrados a trabajar a largo plazo sabemos que el resultado de nuestro trabajo es posible que lo veamos muy tarde, o incluso no lo veamos nosotros, ni nuestra generación.

Experiencia 29: ¿Trabajo útil?

Cuando teníamos entre 17 y 19 años, en verano acudíamos en grupo a pueblos pequeños de las montañas para ayudar a las personas mayores en tareas del campo o necesidades del propio pueblo o simple acompañamiento.

Me contaba una persona muy cercana que estuvo en uno de esos pueblos y que por la mañana se reunían el grupo de chicos y chicas con el monitor responsable para planificar las actividades del día. Todos los días había que asignar una tarea que causaba cierta perplejidad en el grupo: limpiar el suelo de las calles tras el paso de las vacas cada mañana.

Un día uno de los compañeros le preguntó al responsable que "¿para qué había que hacerlo dado que al día siguiente iba a volver a ensuciarse?". Propuso hacerlo cada dos o tres días. El responsable, que en aquel momento les duplicaba en edad, se quedó en silencio un momento y luego con tranquilidad y sonrisa suave contestó mirando a todos, que había que valorar el "trabajo inútil". No dijeron nada y se volvió a asignar la tarea.

> *Ese día se fijaron en las caras de satisfacción de las personas mayores que vivían en aquel pequeño pueblo al tener todas las tardes las calles limpias y poder pasear y sentarse a hablar entre ellos o jugar a las cartas.*

¿Para qué nos caemos?

No quiero dejar de mencionar en este apartado lo que vi en una película hace unos años. En ella se veía a un padre con sus hijos por la calle. Uno de ellos tropezó y se cayó al suelo.

Una vez que el chico comprobó que no se había hecho daño y con la mirada informó al padre, éste le preguntó: "¿para qué nos caemos?" El hijo, mientras se incorporaba, contestaba: "para volver a levantarnos." Estaba tan cargada de mensaje esa escena de la película que siempre la recuerdo ante momentos de dificultad en los estudios o en el trabajo.

Tenemos que avanzar. Sabemos que nos caeremos, nos tropezaremos, suspenderemos, saldrá mal un proyecto, la relación con una persona no será como esperábamos, pero todo ello no nos puede impedir volver a intentarlo, avanzar. Evidentemente cada uno tendrá que interpretar en su propia vida lo que le ocurre si se tropieza siempre en la misma piedra.

El pasado año escuché una charla del presidente de una importante empresa fabricante de coches sobre las relaciones humanas en su empresa. Éste hablaba de que a la gente de la Compañía se le invita a avanzar, asumiendo que el error es parte del camino, y decía:

"En nuestra empresa no penalizamos al que se equivoca, lo tendremos que hacer con aquel que se equivoca siempre en lo mismo."

Regla de las 3 P

Hace unos años murió un empresario del sector del vino en La Rioja llamado Chivite. No sé por qué, pero leí el artículo que aparecía al día siguiente en el periódico, no suelo hacerlo, pero esta vez lo hice porque se leían unas declaraciones de la hija que había hablado en su funeral. Ésta hablaba muy orgullosa de su padre fallecido y de lo que más presumía ante todos era de que su padre había vivido siguiendo, la regla de las tres P: Paciencia, Prudencia y Persistencia.

Es esta última de la que estamos hablando, ser persistente para avanzar, y además debemos tener la suficiente paciencia para no abandonar mientras tomamos las decisiones con la prudencia necesaria midiendo los riesgos y beneficios en cada momento.

A veces seguir adelante significa parar

Pero a veces ese seguir adelante debe ser analizado de nuevo. El significado de seguir hacia adelante puede cambiar durante el camino de nuestra vida. Si mi "seguir para adelante" es terminar unos estudios universitarios en un tiempo concreto y de pronto tengo un familiar enfermo que me obliga a ocuparme de él/ella, o el fallecimiento de la persona que me provee de financiación, tendré que adaptarme y quizá dilatar el tiempo de los estudios o incluso tener que abandonarlos para dedicarme a trabajar para suministrar financiación a miembros más jóvenes de la familia u otros motivos.

En ese caso mi "seguir avanzado" habrá cambiado y yo tendré que cambiar y adaptarme. Para alguno podría llegar a suponer "pararse" en ese avanzar, pero para otros sería acometer lo que es importante en la vida.

No estamos en una época de cambios,…

Cada vez hay más personas que tienen clara la frase de: "No estamos en una época de cambios, sino en un cambio de época." Por lo tanto tengamos claro que ese cambio de época necesita protagonistas, necesita personas que construyan una nueva era mejor para todos y eso solo lo podremos hacer si estamos entrenados para Aportar Valor. Allí, donde veamos que podemos, contribuyamos a avanzar en el cambio necesario en la sociedad.

SEPTIMO CAMPO DE CULTIVO:

CREAR

"La inspiración existe, pero tiene que encontrarte trabajando".
Pablo Picasso

"La creatividad consiste en pensar en cosas nuevas. La innovación consiste en hacerlas".
Theodore Levitt

"Un hombre con una idea es un loco hasta que triunfa".
Mark Twain

"En los momentos de crisis, sólo la imaginación es más importante que el conocimiento".
Albert Einstein

La acción de crear o la creatividad son innatas al género humano. Hay algunos que no se sienten creativos, otros no se lo preguntan, simplemente actúan y tratan de crear día a día. Hoy no vengo a hablar de la creatividad que surge de forma espontánea, sino de la que surge tras un proceso de evolución o maduración. No puedo omitir que es el campo que más me cautiva y como tal os expongo una serie de pensamientos.

Crear valor

El motor que debe estar en nuestra vida es la necesidad de crear, de dar creatividad en la vida que tenemos, en cada momento, en cada rincón. Creamos nuevas maneras de relacionarnos con las personas, de resolver conflictos, de estudiar, de hacer las tareas de la casa, de cocinar mezclando diferentes alimentos, cuando investigamos, cuando en un trabajo damos creatividad al resolver los problemas o descubrimos otras formas más eficientes de hacer las cosas...

Estamos aquí precisamente para aportar ese algo que influirá enormemente en el futuro. Quizá sea este campo de cultivo de la creatividad el principal *leitmotiv* del mensaje de hoy de Aportar Valor.

Todos somos creativos y lo deseable es que ofrezcamos esa creatividad a los demás para mejorar aquello con lo que nos encontramos. Y sabemos que a veces no será tarea fácil, dado que hay personas que continuamente muestran barreras al cambio.

Hay personas, o grupos, dentro de las organizaciones que precisamente quieren que nada cambie o simplemente tienen miedo al cambio, yo los llamo los ESTÁTICOS.

Están ahí, los vemos hoy y los veremos muchas veces en nuestra vida, lo importante será que seamos conscientes de que existen y que nosotros, que formamos parte de un grupo, queremos crear, queremos cambiar el *statu quo* existente por pequeño que sea el cambio.

Habrá ocasiones en las que podremos evitar el conflicto con los ESTÁTICOS, y otras en las que será necesario posicionarse frente a su planteamiento, porque en caso contrario permitiríamos que se asesinara a la Creatividad.

Experiencia 30: Acción especial en entorno sencillo

La pasada Navidad de 2013 mi familia y yo, junto con otra familia amiga, pasamos una jornada visitando a un amigo que vive en un pueblo pequeño de las montañas del Pirineo. Nuestro amigo, con algo más de 65 años en esa fecha, para mí es un claro ejemplo de Aportar Valor en cada cosa que hace. Y una vez más, me volvió a sorprender.

Aquel día aprovechamos para acompañarlo en una de las reuniones periódicas que participaba con gente de los pueblos cercanos. El pueblo era muy pequeño. En la reunión nosotros éramos ocho y seríamos la mitad de los asistentes. La edad de los miembros de la otra mitad no descendería de 65 años.

Quizá cualquier otra reunión parecida en aquella localidad habría durado un tiempo corto y al finalizar cada uno se habría ido a su casa. Pero nuestro amigo habló como siempre hace con mucha claridad y expresividad. Al terminar, les dijo a todos que les traía un regalo. La sorpresa fue cuando repartió a todos los asistentes una hoja que había construido con frases de personas célebres y con gran mensaje para las fechas en las que estábamos. Todos sabían que no era lo que se esperaba de un hombre con más de 60 años en ese tipo de reunión... El detalle tenía mucho valor, el detalle aportaba mucho valor en ese entorno y a esas personas.

Lo cierto es que aportó valor en mí porque una semana después tenía que preparar una reunión de directivos de varios países en mi empresa y para transmitir que teníamos que esforzarnos en mejorar nuestro negocio en el nuevo entorno de incertidumbre en el que nos encontrábamos, incorporé una de las frase que mi amigo nos había "regalado" unos días antes.

La frase era de Herman Hesse y decía: "Para que pueda surgir lo posible es preciso intentar una y otra vez lo imposible". Mi amigo nos lo contó a varios, yo se lo conté a varios, y si cada uno posteriormente lo contamos a otros estaremos haciendo transmisión viral de un "regalo", y en este caso, transmisión viral de algo que aportó valor. Porque es tan importante aportar valor como transmitirlo.

Entrenarse en Aportar Valor creativo en cada acción

Como decíamos al principio, hay que entrenarse en Aportar Valor. Las cosas no suelen surgir por generación espontánea. Si no nos entrenamos pronto y además somos conscientes de que estamos aportando creatividad en nuestros actos, será difícil que podamos medir, valorar e incluso mejorar lo que aportamos.

Cuando cumplimos una función profesional como abogado, fontanero, electricista, médico, ingeniero, fotógrafo, profesor… debemos buscar nuevas fórmulas que mejoren lo que estamos haciendo. No solo la parte técnica de la profesión sino también las formas de relacionarnos con los demás.

Por ello es muy importante crear desde las propias etapas de formación tanto en los estudios como en toda otra actividad que estemos haciendo en paralelo.

Muchas veces son las propias actitudes las que dan creatividad a nuestras relaciones con los demás, y pueden crear otros ejemplos que por transmisión viral, a veces sin ser conscientes, contribuyan a cambiar algo en el entorno.

Experiencia 31: Una cuestión de ropa
En un curso de negocios me tocó estudiar el sector textil. Es algo en lo que en mi día a día no suelo

profundizar, pero al estudiarlo desde la perspectiva empresarial, aprendí cosas que desconocía.

Hubo un tema que se había transmitido en la sociedad actual y me preguntaba cuánta gente lo conocía cuando lo hacía. Era un concepto de moda que yo desconocía, y me preguntaba si la gente que vestía pantalones vaqueros con la parte inferior doblada y visible en los tobillos sabía de dónde procedía esa costumbre.

Lo que aprendí en aquel curso de la propia historia del negocio es que fue una costumbre que empezaron a tener algunos grupos de jóvenes negros en EEUU como recordatorio de sus antepasados esclavos que habían sido apresados con grilletes en los tobillos y les habían hecho cruzar el Océano Atlántico y ser vendidos como esclavos en América. Esa costumbre se fue extendiendo entre mucha gente, y algunos por convicción y otros simplemente por imitación, comenzaron a vestir con los bajos de los pantalones recogidos en los tobillos.

Una acción había pasado a ser viral y en este caso se convirtió en moda.

Una vez fui testigo de una situación que merece la pena comentar en este apartado.

Experiencia 32: Reunión en Asociación, acción rompedora

Se celebraba una reunión de dirigentes de varios grupos juveniles de una Asociación de Tiempo Libre en el salón de actos de la sede. Habría en dicha reunión aproximadamente unas cuarenta personas de entre 20 y 35 años. Presidían la reunión el presidente y el secretario de la asociación en una mesa situada en lo alto en un estrado. El resto de asistentes, sentados en filas paralelas tipo aula de colegio, mirábamos hacia adelante.

En el último punto del día que se estaba tratando surgieron discrepancias entre el secretario y algunos de los asistentes. Se había hecho tarde. Eran más de las 21:30 y este tipo de reuniones solía terminar antes, pero aquel día era más tarde y todavía faltaba de tratar el punto conflictivo. La situación pasó a ser muy violenta porque las acusaciones que se hacían unos y otros pasaron a ser gritos e increpaciones desagradables para el resto de asistentes. No paraban de escucharse reproches en voz alta entre los asistentes.

El resto tomaron diferentes actitudes. Unos se aislaron de los gritos de la reunión y tomaron algún documento para leerlo. Otros simplemente se marcharon de la reunión. El resto miraba a los que se gritaban sin saber qué hacer como cómplices pasivos de un conflicto verbal que nadie sabía dónde iba a terminar.

De pronto, uno de los asistentes se levantó del asiento, y caminando despacio, se acercó a la pizarra que se encontraba en la parte delantera junto a las personas que presidían la reunión. Este hecho hizo que alguno de los que estaba gritando se calmara un momento mientras observaban al que caminaba. Cuando llegó a la pizarra, tomó un rotulador y escribió. Los asistentes se callaron y esperaron a que terminara de escribir porque éste tapaba la pizarra con su cuerpo y no dejaba ver lo escrito. Cuando terminó, se giró hacia los asistentes permitiendo a todos leer en el más sepulcral silencio: "EN ESTA REUNIÓN FALTA RESPETO."

El silencio duró unos segundos hasta que el que había escrito se dirigió a todos diciendo que allí estaban los dirigentes de unos grupos infantiles y juveniles y que eran responsables de dar ejemplo con su comportamiento a los niños y jóvenes que lideraban. Insistió en que ese mismo día no había ningún niño o joven como testigo del comportamiento que se estaba produciendo y todos debían reflexionar si era el apropiado. Cuando terminó de hablar se fue andando despacio a su sitio, mientras todos en silencio lo observaban.

El que presidía la reunión compartió con todos que lo que acaba de ocurrir era una buena llamada de atención. Los que estaban discutiendo y gritando pararon su comportamiento agresivo y la reunión continuó con el estilo normal de amabilidad y respeto en dichos encuentros hasta que se llegó a tratar todo lo previsto y tomar decisiones conjuntas.

Las cosas se han hecho siempre así.

Quizá sea una de las frases que más incomodidad me produce cuando la escucho. Principalmente a nivel profesional, pero también a nivel familiar e incluso de comportamientos en grupo de amigos.

Cuando a alguien se le pregunta por qué hace determinada acción o comportamiento y la respuesta es: "Porque siempre se ha hecho así," es cuando nos deberían saltar absolutamente todas las alarmas. Por dos motivos principalmente.

El primero porque denota que la persona que responde no se ha cuestionado la razón de su acción o comportamiento, con lo cual nos invita, sin saberlo, a cuestionarnos el resto de sus acciones y comportamientos, especialmente cuando temas de seguridad y salud están en juego, o cuestiones económicas que afectan al resto.

Y en segundo lugar porque sin saberlo, se puede haber estado cometiendo un error continuado que afecta a personas, máquinas o inversiones económicas.

Durante mi vida he asesorado a algunas personas previamente a enfrentarse a alguna entrevista de trabajo o en una etapa en la que estaban buscando nuevo trabajo.

Recuerdo dos casos interesantes.

Experiencia 33: Asesorando candidato, especialista

Un amigo que con menos de 30 años estaba participando en un proceso de selección para una multinacional.

Dos días previos a la última entrevista, hablamos. Yo sabía que esta persona había sido muy buena estudiante. Durante los estudios universitarios, sin saberlo, se "entrenó en aportar valor" en varias acciones de voluntariado con mucha dedicación y profesionalidad. Además, en sus primeros años de trabajo estuvo muy bien considerado.

Como sus últimos trabajos habían sido en un área concreta de un sector industrial, quería defender en la entrevista lo que había estado haciendo los últimos años. Durante el tiempo de asesoramiento le transmití que la Compañía a la que se estaba postulando para el puesto de trabajo quería jóvenes licenciados para poder trabajar en diferentes áreas de la empresa. A pesar de que esta persona se defendía a sí misma diciendo que "siempre había trabajado en temas del área de especialización y lo conocía muy bien," cambió su planteamiento. El puesto que buscaban era de generalista, no de especialista. Ya había demostrado que dominaba y trabajaba muy bien un área. Hasta ese momento en las entrevistas de Selección siempre había hecho lo mismo mostrando únicamente sus fortalezas en el área que era experto. Ahora el reto era que tenía que defender que también podía trabajar muy bien en otras áreas de la empresa, porque era consciente de que podía hacerlo dado que tenía habilidades suficientes para adaptarse.

Semanas más tardes le dieron el puesto de trabajo y tras, ahora muchos años en la empresa, ha ido siendo promocionado por varios departamentos y ha ido aportando valor en cada uno.

Experiencia 34: Asesorando candidato, adaptando rol

El último caso es reciente. Una mujer de unos 40 años, con dos hijos pequeños. Había estado trabajando durante muchos años en la misma empresa en un puesto muy concreto.

Su tragedia sucedió cuando la empresa tuvo problemas financieros y tuvo que aplicar medidas de recorte de personal para reducir gastos fijos y poder sobrevivir, dado que el mercado de capitales le estaba apretando por la alta deuda financiera que tenía y las expectativas de negocio no se veían posibles en los próximos períodos. La empresa decidió incluirla en el grupo de los despedidos.

Estuvimos reunidos tomando un café hace unos meses donde me comentaba que llevaba bastante tiempo enviando CV y no le habían llamado de ninguna empresa. No había tenido ninguna entrevista de trabajo a pesar de su constancia y dedicación. Me permitió analizar el CV y consensuamos que había algunos aspectos que podía modificar.

En su CV indicaba el nombre del puesto de trabajo que había desarrollado en los últimos años. El problema era que con la crisis económica que acababa de sufrir el país, no se iban a demandar más puestos de ese trabajo en el sector en el que trabajaba. Es decir que lo que había estado indicando en su CV era algo que ya no se necesitaba o, incluso no se entendía porque ya nadie trabajaba de ello. La conclusión a la que llegamos es que había que cambiar lo que "había estado haciendo durante los últimos meses" y no solo por escrito, sino de actitud. La decisión fue enfocar el CV en vez de con el nombre del puesto de trabajo que había desempeñado, con las funciones que había llevado a cabo, y especialmente, con las habilidades que había adquirido y le podían permitir aportar valor en otros sectores y puestos de trabajo.

Nos volvimos a reunir a tomar un café hace poco y me comentaba que estaba trabajando en una empresa. La alegría fue escuchar que tras nuestro último encuentro, y enviar el CV adaptado, literalmente, le llamaron de al menos cuatro empresas diferentes. En las dos primeras a las que decidió presentarse a las entrevistas de trabajo le ofrecieron el puesto en las dos y eligió una de ellas. Me comentaba que en las entrevistas para demostrar que podía hacer lo que necesitaban, contaba experiencias de su anterior trabajo (evitando temas confidenciales) en las que se demostraban las capacidades, en este caso de negociación que necesitaba la nueva empresa. Por supuesto defendió su capacidad de adaptarse a nuevos entornos, dado que según comentamos en el primer encuentro, ella misma había demostrado durante el tiempo anterior que se tuvo que enfrentar a diversos proyectos en un entorno cambiante.

Y, por supuesto, haber adaptado el CV había sido básico. No se puede enviar el mismo CV a diferentes empresas porque debemos tener en cuenta cuáles son nuestras habilidades, formación y saber de antemano cuáles de ellas pueden interesar más a una empresa u otra. Para vender un producto debemos destacar las funciones que más puedan interesar a un cliente. Para vendernos a nosotros mismos en un CV y en una entrevista posterior, debemos destacar lo que mejor sabemos hacer, y que puede interesar a la otra parte. Nunca podemos mentir. Siempre debemos saber qué necesitan, confirmar que está dentro de nuestras capacidades, y destacarlo sobre el resto.

En ocasiones estos comportamientos pueden estar influidos por el estilo de liderazgo del grupo. En la familia, si el padre y la madre dicen a los hijos que tienen que hacer una u otra cosa simplemente porque lo dicen ellos, y tras la pregunta de los hijos sobre la razón la respuesta es la del título de este apartado, los propios padres deberíamos cuestionarnos esa respuesta antes de hacerla.

A nivel laboral nos encontramos muchas veces con este comportamiento, y ahí es donde están las mentes creativas que buscan aportar valor, los que se cuestionarán la continuidad de la acción. Los propios sistemas integrados de gestión de calidad en las fábricas y, soy conocedor, también en colegios, ha permitido descubrir costumbres que no sólo no aportaban valor sino que lo destruían.

Concretamente en una empresa industrial se descubrió, mientras se aplicaba un sistema de gestión de calidad, que se estaba añadiendo dos veces un aditivo al producto final en diferentes momentos del proceso. El exceso de aditivo no perjudicaba al resultado, pero era innecesario. El problema era que destruía valor dado que se estaban gastando grandes cantidades de dinero al año en una cantidad de aditivo que no era necesaria.

En la respuesta a la frase del título de este apartado es donde realmente se descubre a los creativos. Nos tenemos que cuestionar por qué hacemos las cosas. Nunca puede ser nuestra respuesta: "… porque se han hecho siempre así."

Y a esos creativos les dedico este cuento que leí hace tiempo en el libro de *El canto del pájaro* de Anthony de Mello y siempre me viene a la memoria cuando alguien me da esa respuesta.

Lectura
El Gato del guru

Cuando, cada tarde, se sentaba el gurú para las prácticas del culto, siempre andaba por allí el gato del ashram distrayendo a los fieles. De manera que ordenó el gurú que ataran al gato durante el culto de la tarde.

Mucho después de haber muerto el gurú, seguían atando al gato durante el referido culto. Y cuando el gato murió, llevaron otro gato al ashram para poder atarlo durante el culto vespertino.

> *Siglos más tarde, los discípulos del gurú escribieron doctos tratados acerca del importante papel que desempeña el gato en la realización de un culto como es debido* [17]

Ser ejes

No puedo evitar hacer referencia a uno de los libros que he leído en los últimos años: *¿Eres imprescindible?* de SethGodin de 2010. El autor aporta una visión muy interesante e importante para cualquier persona que esté trabajando en una organización o pertenezca a un grupo de amigos o familiares.

Me quedo con el título en inglés del libro, "Linchpin", que el autor elije porque representa el eje de las ruedas y nos invita a que reflexionemos que adquirir ese rol en nuestras organizaciones puede ser muy beneficioso: ser ejes en nuestros grupos. Lo plantea desde una perspectiva de unir personas, unir fuerzas, habilidades y fortalezas de unos miembros y otros para tratar de progresar en el objetivo de la organización.

¿Cuántas veces en algunas organizaciones nos encontramos con personas muy celosas de lo que hacen y que no lo comparten con los compañeros? A veces por miedo a que les "roben" su trabajo, a veces por necesidad de "innecesarios" protagonismos. El tema es que esas personas no se dan cuenta de que si comparten y dan pie a que lo que proponen sea mejorado por otros, y ponen en contacto a diferentes personas, es la manera óptima de aprovechar las diferentes cualidades de unos y otros para avanzar y crear.

De hecho, habiendo empezado a dar estas charlas sobre Aportar Valor hace unos años, fue cuando me encontré posteriormente con este libro que invita a todos a "Crear Arte" en todo lo que hagan en sus trabajos y organizaciones. Nos invita a considerarnos "artistas" porque cada uno de nosotros es capaz de crear algo nuevo en todo lo que hacemos, en los comportamientos con nuestros semejantes, en la parte técnica de nuestro trabajo.

Experiencia 35: Madre–profesora creativa

Conozco a una persona que, cuando sus dos niños tenían 7 y 9 años, se planteó algo especial.

Ella es analista financiera internacional, habla varios idiomas y durante un tiempo ha decidido aparcar su carrera en puestos directivos en varias multinacionales para dedicarse a su familia durante un tiempo planificado y volver de nuevo al mundo laboral remunerado cuando lo considere conveniente.

Ese año se planteó reforzar la enseñanza del idioma francés a sus hijos, y comentándolo con otros conocidos, se le unieron otros niños de amigos a sus sesiones de refuerzo que ella hacía de forma totalmente voluntaria.

Nos comentaba que al principio cuando comenzaba las sesiones, se encontraba con problemas de actitud de sus dos hijos para centrarse en la

---

"clase" de esta profesora, que era ella misma: su madre. Reflexionó durante un tiempo y encontró la manera creativa para solucionar el problema.

Desde que la aplicó ha conseguido que no sólo los hijos de los amigos estén más atentos, sino también que sus propios hijos estén deseosos de que llegue la "clase".

Lo que hizo fue convertirse en Madame Chocolat. Dejaba de ser ella misma, dejaba de ser la madre de sus hijos, y era este nuevo personaje que se había inventado. Madame Chocolat, por supuesto sólo hablaba en francés, llevaba un atuendo algo excéntrico con una pequeña Torre Eiffel y la bandera francesa a modo de colgante, se comportaba de forma hilarante, con normas propias para su clase y en bonito francés les decía cuánto le gustaba el chocolate y cómo se hacía.

Este personaje atraía a los niños, no sólo hacia la lengua francesa, sino hacia la cultura francesa, ya que para ella, lo realmente importante en el aprendizaje de los idiomas era abrirles la puerta de una nueva cultura. Estudiaban con Google Earth las calles de París, buscaban el Sena, las gárgolas de Nôtre–Dame o el Moulin Rouge,... Aprendían cuantos y qué países del mundo hablaban francés, escuchaban canciones populares francesas, veían juntos películas francesas, comían chocolate y el premio de fin de curso sería... viajar todos juntos a Francia. Todo era distinto gracias a Madame Chocolat. Aunque desafortunadamente ella no podría ir al viaje fin de curso... o sí?

Reconocerle a la gente que es creativa

Una de las formas de Crear y de ser creativos consiste precisamente en reconocer a los demás que lo están haciendo. Porque como postula uno de los lemas de la Comunicación Empresarial a la que muchos periodistas se dedican en empresas privadas o públicas, ONGS y otras organizaciones, es que "Lo que no se cuenta, no existe."

Por lo tanto, aplicado a las propias relaciones humanas con nuestros compañeros de trabajo o amigos, si queremos que algo exista, debemos contarlo, si queremos que una persona o un grupo siga siendo creativo, debemos comunicarle que lo ha sido.

Es tan importante detectar actitudes creativas en las personas como comunicárselas. Algunas personas lo hacen por mero instinto propio, por lo que si somos conscientes de que han tenido un "Momento Creativo", digámoselo. Si eran conscientes de su "Momento Creativo", les servirá para evidenciar que nos ha gustado, y si no eran conscientes, servirá para que descubran ese "creador" que hay dentro de ellos.

Y en ambos casos, el reconocerlo puede derivar en una cadena de propagación sin fin, como la propia radiactividad, cuando un átomo golpea a dos y cada uno de estos dos golpean otros dos, y así sucesivamente. Seamos "radiactivos" y consigamos que con una pequeña comunicación, se llegue a "expandir la creatividad", a "multiplicar acciones creativas", y en definitiva a cambiar a una cultura de la creatividad continua.

Reconoceros a vosotros mismos que sois creativos. Sed conscientes de esos momentos de creatividad. No os dejéis influir por aquellos que dicen que solo unos pocos son creativos. Todos somos creativos, tanto los artistas como los profesionales de cualquier ramo; tanto el padre y la madre que hacen cosas especiales con sus hijos, como los jóvenes que influyen con creatividad en sus familias aportando valor desde el día a día, incluso, aunque a alguno le suene raro, también en la cotidianeidad.

Habría que crear una asignatura de Creatividad ya desde los 17 años y en todos los estudios universitarios o no universitarios, que fuera transversal y que hiciera a los estudiantes ser conscientes de que lo que estudian es útil y pueden proponer cosas diferentes, o, como explicaré más adelante, ver los caminos laterales de los problemas para encontrar soluciones creativas.

Ser creativo significa ver cosas que se pueden aplicar a otras.

Esta parte creativa nuestra que comentamos, puede estar basada principalmente en unir. Conseguir unir conceptos diferentes para mejorar uno de ellos, unir las conexiones que existen entre las cosas y las personas. Unir conocimientos de unos y otros para buscar nuevas maneras de hacer las cosas.

A veces me siento como un coleccionista de experiencias, mías o de otros, tratando de ver qué se puede aprovechar en el futuro si se repiten las mismas circunstancias, qué se puede adaptar de la idea inicial ante circunstancias diferentes o, incluso, saber qué no hay que hacer.

Séptimo Campo de Cultivo: "CREAR". *La creatividad se basa en lanzarse.*

Si esperamos a que nuestra idea esté perfecta, probablemente el día de ponerla en práctica nunca llegará, o si llega, esa idea puede que ya no tenga sentido. Evidentemente, sin proponer ninguna actitud ingenua, temeraria o imprudente que pudiera poner en peligro la seguridad de personas o cosas, o incluso afectar negativamente a nuestro entorno, la propia creatividad tiene un elemento de empuje, de lanzamiento sin esperar la perfección.

En el mundo de Internet se entiende perfectamente. Muchos programas y aplicaciones se lanzaron con una calidad mínima de operación y poco a poco se han ido (y continúan) mejorando con los *feedback* de los usuarios.

Si tenemos una idea, es muy importante iniciarla, no esperar a que esté perfecta para lanzarla, pasársela a los demás, a amigos, compañeros, familiares, a nuestras redes y ver si tiene sentido, si gusta ... y con el *feedback* recibido, mejorarla entre todos, transmitirla y se hará luego grande.

No hay que despreciar el poder del grupo o de la comunidad para construir una idea, para crear. Comunicar, compartir, mejorar, son palabras implícitas en la creatividad y hoy en día con los medios que tenemos, resulta más fácil.

Pensamiento lateral

Aunque no me voy a extender, no puedo evitar hacer mención a uno de los grandes gurús de la creatividad. Me refiero a Edward de Bono quien, en su libro *Lateral Thinking en 1999*, nos expone que para encontrar soluciones creativas a algunos problemas, debemos evitar mirar directamente al problema, tenemos la opción de hacerlo desde otro lado, buscando ese otro camino que no se ha utilizado previamente.

Es una de esas lecturas que todo joven a partir de los 17 años debería hacer, y luego recordar periódicamente en su vida (¿quizá cada 10 años?)

Experiencia 36: Una cuestión de juguetes

Conozco unos padres que tienen tres hijos. Cuando los niños eran pequeños uno de los temas que más les molestaba era que los niños iban dejando juguetes por toda la casa. Por mucho que los padres les insistían en que no lo hicieran, que los dejaran siempre ordenados después de jugar con ellos, volvían a encontrar pequeños muñecos en los sitios más insospechados del baño, o piezas con las que a veces se tropezaban por el pasillo. Acababan los padres siempre recogiendo los juguetes y guardándolos en los lugares correspondientes.

Además, se daban cuenta de que esos juguetes los dejaban desordenados sin atenderlos porque realmente luego ya no jugaban con ellos.

Probaron la forma pacífica de insistirles y también la de reñirles y castigarles cuando volvían a ser desordenados. Pero nada funcionaba.

Se daban cuenta de que estaban analizando el problema de forma directa: a los niños como culpables del desorden.

Tras reflexionar entre el matrimonio y aplicar técnicas de Pensamiento Lateral, acordaron una nueva estrategia. La pusieron en práctica, y funcionó.

Al día siguiente de acordar la estrategia, compraron un recipiente plegable de unos 70 cm de alto por unos 50 cm de diámetro. Llamaron a los niños y poniendo el recipiente en un lugar visible del pasillo, indicaron que a partir de ese momento no iban a castigar a los niños si dejaban los juguetes desordenados. Por supuesto la cara de los niños se transformó en expectación porque no sabían si eso era bueno o malo para ellos.

Los padres continuaron con la explicación y dijeron que a partir de ese día, iban a castigar a los juguetes.

Si encontraban un juguete desordenado por la casa y sin uso, lo meterían en el recipiente donde estaría castigado durante una semana, y no podrían jugar con él. Al finalizar el periodo de tiempo del castigo, los niños podrían pedir los juguetes y se los darían.

Lo que ocurrió después es que aquellos juguetes que sí les gustaban se cuidaban mucho de guardarlos de forma ordenada. Los que dejaban abandonados iban al cubo de los juguetes castigados. Cuando pasaba la semana de castigo, los niños ya no se acordaban de dichos juguetes y los padres simplemente vaciaban el recipiente en otro sitio que desaparecía de la casa.

Poco a poco, comenzó a haber menos juguetes desordenados y los padres a vaciar la casa de los que ya no querían pero explícitamente no comunicaban.

La era de la creatividad

Es así, no hay más remedio. El siglo XXI va a ser el siglo de la creatividad. Entre otras razones porque si no sucede, el hombre difícilmente podrá superar todos los retos que ha evidenciado en cuanto a temas medioambientales, de desequilibrio social, problemas económicos e inestabilidad de la paz mundial.

Si realmente creemos eso, y yo soy ferviente defensor de la afirmación, podemos entender completamente a Richard Florida quien en 2002 escribió en *The Rise of the Creative Class* cómo ha ampliado sus investigaciones a otras partes del mundo y ha averiguado que *"los países europeos también cuentan con un índice de creatividad que mide el desarrollo creativo de un país basándose en sus avances tecnológicos, talento y tolerancia."* [18]

Experiencia 37: Consecuencias de una buena recomendación

La experiencia es personal.

En octubre de 2014, me encontraba en la librería del aeropuerto de Barcelona buscando algún libro para leer en mis próximas semanas de viajes. Tras verme un rato buscando libros, la dependienta se me acercó y me ofreció sus servicios de asesoramiento.

Fue agradable ver a una profesional como aquella mujer que, en su papel de vendedora, trató hasta el último momento de satisfacer las necesidades del cliente. Las dos primeras preguntas que me hizo sobre el tipo de lectura que quería leer no consiguieron que yo encontrara algo interesante. Me escuchó, se aseguró de que me entendía, demostró un gran conocimiento de la Literatura que estaba vendiendo, tanto de títulos como de autores. Finalmente, me ofreció un libro de los que estaban en la tienda. Al final, lo compré.

Sigo pasando muchas veces por aquella librería pero no consigo distinguir a la profesional que me vendió el libro. Le estoy enormemente agradecido por tres razones.

La primera es que me hizo apreciar su trabajo, su empeño, entusiasmo y cómo fue capaz de aportar valor vendiéndome un libro (tengo que reconocer que no es tarea fácil venderme algo).

En segundo lugar, porque el libro Prométeme que serás libre de Jorge Molist, me gustó muchísimo.

Disfruté leyéndolo en los siguientes viajes de negocios que realicé en las semanas posteriores. El problema fue que, pese a ser un libro grueso, me duró menos días de lo que esperaba terminar su lectura.

Y en tercer lugar, porque me interesé por la biografía del autor, con quien a día de hoy no he contactado nunca, pero saber que Jorge Molist había estudiado Ingeniería Industrial, luego realizado un MBA, trabajado en varias multinacionales, y que decidió, cerca de los 50 años, dedicarse a escribir libros, me ayudó.

Supongo que la identificación personal que tuve con él y el hecho de que yo mismo ya había empezado a escribir un par de relatos, me animaron a continuar y publicar libros.

Y simplemente por dar más fortaleza a este pequeño apartado, os traigo otro comentario, en este caso de Danah Zohar quien en 1990, escribió "*que la creatividad es lo que diferencia al ser humano de las demás criaturas del planeta. El ser humano con creatividad es quien da forma al mundo. Las personas creativas intentan permanentemente progresar y mejorar el mundo en el que viven. La creatividad se expresa a través de la humanidad, la moralidad y la espiritualidad.*"[19]

Por ello, si lo que necesitamos es creatividad para avanzar y mejorar en esta nueva época, la última experiencia no os la voy a contar yo.

Sugiero un homenaje a todos aquellos que han sido capaces de crear empresas, organizaciones, ONG,... que han conseguido ser sostenibles y han generado empleo o riqueza en zonas deprimidas o ilusión en los usuarios de sus servicios o han creado y siguen creando obras artísticas: desde literatura, pintura, cine, fotografía,... y continúan buscando ese "algo más" en cada paso que dan. Sugiero que preguntéis a amigos, padres, conocidos e investiguéis todos esos casos de personas que han arriesgado su dinero y su tiempo para conseguir dar trabajo a otros y gestionarlo de forma adecuada para no sucumbir a los efectos negativos de la crisis financiera existente. Sugiero que preguntéis y habléis con personas que han montado un despacho de abogados, una peluquería, una empresa de servicios, una ONG, una asociación de tiempo libre, una editora de libros, una productora cinematográfica, lo que sea que hayan generado empleo sostenible. Que os cuenten cómo lo vivieron, cómo lo generaron, cómo superaron las dificultades, cuáles eran las principales ideas en las que se basaban y las motivaciones que les movían. Sugiero que ese análisis lo empecéis hoy, no paréis ni un solo momento de hacerlo en vuestra vida y descubráis cómo cada uno de ellos ha trabajado los SIETE CAMPOS DE CULTIVO que hemos mencionado hoy para Aportar Valor.

Y la última sugerencia es que vosotros mismos seáis conscientes de vuestras propias experiencias, reflexionadlas, recopiladas y compartidlas. Quizá incluso dentro de 30 años se las podáis contar a jóvenes como hoy vosotros por si les pueden interesar mientras construyen su futuro.

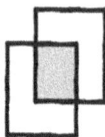

CAPITULO 9

Ha parado.

Nos está mirando.

Espera algo de nosotros. Espera que le digamos algo.

No. No ha parado. Se acerca al borde del escenario, mirándonos fijamente a los ojos y comienza a hablar en voz baja.

–Después de lo visto hasta ahora – continúa el conferenciante – si quisiéramos resumir todo en una palabra tendríamos que hablar sobre nuestra misión para Aportar Valor y crear riqueza en lo que hacemos en nuestros estudios, en nuestra familia, amigos y en nuestro trabajo, remunerado o no remunerado.

Y si miramos los siete campos de cultivo para aportar el valor comentado, podríamos llegar a decir que es un objetivo que nos planteamos dentro un grupo, gestionando los recursos tiempo y dinero, para incrementar la riqueza y lo hacemos con el objetivo de avanzar con creatividad cada día.

Ahora, sí.

Ha parado. Creo que ha terminado.

Sólo hay silencio en la sala, nos miramos unos a otros. Ha sido una avalancha de conceptos, de experiencias. Ha dicho que todo lo que ha contado son hechos reales. Me ha gustado, ha sido como estar viviendo una película en el cine porque ha conseguido sacar emociones y sentimientos de mí. Muchas de las cosas que ha contado las he experimentado en algún momento, y la unión que ha hecho con referencias de libros es muy interesante porque yo misma lo hago. Cada vez que leo lo que vive o siente un personaje de alguno de los libros que tengo, me veo yo en él o ella, pero sobre todo trato de ver si algo de eso podría ponerlo en práctica en mi vida real. Me gusta soñar, pero sobre todo me gusta imaginarme haciendo cosas increíbles.

Miro a mi compañera de al lado que me dice:

−¿Te ha gustado?

No sé qué responderles porque si a ella no le ha gustado, ni a nadie más, pareceré la rara, pero si en cambio todos piensan igual y nadie se atreve a decir lo que verdaderamente piensa, no se sabrá. Le respondo:

−Sí.

Noto cara de alivio en mi compañera, así que no espero un segundo más en lanzar mi pregunta.

−¿Y a ti?

−Me ha encantado − me responde con una gran sonrisa.

Las dos miramos hacia delante cuando oímos al conferenciante.

−Ojalá hayáis disfrutando tanto, o más, de lo que lo he hecho yo preparando esta experiencia − comienza el conferenciante − y antes de pasar a la fase de preguntas, vamos a la parte final de la experiencia de hoy.

Vuelve a captar nuestra atención porque se dirige al ordenador con el que gobierna las presentaciones que aparecen en la pantalla y vemos que tiene preparado el comienzo de un vídeo. Se ve esa imagen típica de un triángulo horizontal apuntando hacia la derecha, dejando congelada la imagen a la espera de hacer clic con el ratón para que dé comienzo. La imagen que hay detrás, que ocupa toda la pantalla, es un vaso de agua lleno hasta la mitad sobre una mesa.

Pero lo que más nos sorprende, y mis compañeros al igual que yo, nos incorporamos un poco más para no perdernos detalle de lo que está haciendo, es lo que hace a continuación. Se dirige a la mesa donde tiene el ordenador. Allí, todos hemos visto un vaso de agua con agua hasta la mitad durante toda la charla. Hemos visto que no lo ha usado en toda la presentación y sigue con el mismo nivel de líquido. Ahora lo toma con su mano, nos mira, y dice:

–Para finalizar os voy a mostrar un vídeo que para mí cubre muchas de las áreas de las que hemos hablado hoy, y, sobre todo, nos sugiere un comportamiento en nuestra propuesta de Aportar Valor continuamente. Os adelanto que lo hizo mi hija con 13 años para un concurso de vídeos de Navidad de su colegio. El máximo tiempo del vídeo era un minuto.

Vemos que maneja el ordenador y presiona el ratón. Comienza el video.

CAPITULO 10

No sé si tenía que haber dicho lo de mi hija, puede haber quedado algo pedante por mi parte. Pero como estoy tan orgulloso del trabajo que hizo, no puedo evitarlo. Lo que no les diré es que luego en el colegio seleccionaron solo su video para proyectarlo al final de la charla de uno de los profesores en el salón de actos con todos los alumnos del Colegio presentes.

No me cansaré nunca de ver este vídeo. Ni aunque esté tan agotado como ahora. He terminado la charla y no han hecho ninguna pregunta. He tratado en todo momento de revisar sus caras por si descubría aburrimiento o disgusto. Creo que no lo he detectado, pero eso no significa que no lo hubiera. Ahora parece que con el vídeo están incluso más atentos desde el momento que he clicado el ratón del ordenador para que se ponga en marcha.

Miro sus caras mientas observan en la pantalla el texto que aparece horizontal desde abajo hacia arriba y va desapareciendo en la parte superior de la pantalla:

VIVIR SENCILLAMENTE
APRECIANDO LO QUE SE TIENE

Ha terminado el texto y ahora ya ven el vaso de agua encima de una mesa con un fondo neutro al final. Se escucha la voz en off de una niña que dice:

- Papá, quiero un vaso de agua, por favor.

Después de un segundo de silencio, se escucha la voz de hombre. Supongo que se darán cuenta de que es la mía:

- Allí tienes uno encima de la mesa, cariño.
- Gracias – se escucha la voz de la niña.

Acto seguido, una mano de niña aparece en la pantalla agarrando el vaso, lo retira de la pantalla, y tras unos segundos sin nada en pantalla, la misma mano lo vuelva a dejar encima de la mesa, pero vacío de agua.

Ahora se ven en la pantalla unas letras horizontales que se mueven desde la parte baja de la pantalla hasta arriba, donde desaparecen:

VIVIR COMPLICADAMENTE
APRECIANDO SÓLO LO QUE NO SE TIENE.

Noto algunos comentarios entre los jóvenes sin dejar de prestar atención a la pantalla.

Ahora vuelve a aparecer el mismo vaso de agua a medio llenar sobre la misma mesa de antes y en un plano fotográfico idéntico al primero. Se vuelve a escuchar la misma voz en off de niña que dice:

- Papá, quiero un vaso de agua.

Se repite la misma situación en la que una voz de hombre dice:

- Allí tienes uno encima de la mesa, cariño.

La diferencia es que ahora se escucha la voz de la misma niña pero en un tono alterado y enfadado que dice:

- Papá, pero cómo voy a beber de este vaso, si está medio vacío. No quiero beber de un vaso medio vacío. ¡QUIERO UN VASO DE AGUA LLENO!

Noto entre los jóvenes ciertos movimientos de incomodidad hasta que ven la última imagen con el vaso de fondo y unas letras superpuestas donde pueden leer:

¿Y TÚ CÓMO VES EL VASO?

A la vez están escuchando una voz en off de niña que dice:

- Puedes ver el vaso medio lleno o medio vacío – se hace un momento de silencio – puedes decidir vivir sencillamente apreciando lo que tienes – otra pausa – o vivir complicadamente apreciando sólo lo que no tienes... ¿Y tú, qué decides?

Se termina la proyección. Me están mirando. Me acerco rápidamente hacia el borde del escenario con la intención de no dejarles descansar, estoy en el último momento de la experiencia. Soy consciente de que debo de terminar con algo impactante, algo que les de qué pensar y consiga sacar una sonrisa de sus bocas.

–¿QUÉ VEIS? – digo gritando mientras elevo un brazo con el vaso de agua para que lo vean bien. Como suele ocurrir, nadie responde
Se produce silencio.
Vuelvo a la carga.

–¿QUÉ VEIS AQUÍ? – vuelvo a repetir en voz muy alta con el brazo estirado y mirándoles a cada uno a los ojos.

Algunos se animan y con cierta parsimonia y habla cansina, responden, mientras ya estoy viendo una leve sonrisa en sus rostros:

–¡Un vaso… medio lleno de agua!

–No os oigo – les contesto también elevando el volumen de la voz – ¿QUÉ VEIS AQUI?

–¡UN VASO MEDIO LLENO DE AGUA! – gritan la mayoría mientras me miran con una sonrisa.

Me quedo parado en el mismo sitio en el que estaba. Mantengo el silencio. Los miro durante un segundo y, buscando su sorpresa, me bebo el agua del vaso.

Los vuelvo a mirar con el brazo levantado y ahora sosteniendo el vaso sin agua. Grito:

–¿QUÉ VEIS AHORA?

Se produce incertidumbre y extrañeza entre ellos, se miran a las caras porque no saben qué contestar. Alguno suelta una pequeña broma imperceptible para mí, pero no consigue carcajadas porque están a la espera. Creo que he conseguido crear expectación. Permito que el silencio se vuelva a apoderar de la sala y finalizo.

–Yo veo…– paro un momento, les observo y luego miro hacia arriba, hacia mi mano – un vaso lleno de futuro. El vuestro, el de vuestros profesores que nos acompañan aquí y el mío propio.

Permito unos segundos de sonrisas y algarabía. Me dirijo al proyector y cambio la transparencia para que se vea la última que había preparado para hoy.

Y por último…
una frase de regalo:

La educación no cambia el mundo…
…cambia a las personas
que cambiarán el mundo.

Paulo Freire

Los miro a todos y camino tranquilamente hacia el borde del escenario mientras les digo:

–Muchas gracias por vuestra atención. Ha sido un placer estar hoy con vosotros y compartir esta experiencia. Si alguien no ha rellenado nada en la parte de la hoja que teníais preparada para apuntar ideas nuevas, pido disculpas desde este momento, porque quiere decir que no he conseguido llegar a vosotros.

Si alguien ha puesto algo y le parece interesante a él o ella, sugiero hacer transmisión viral de la idea cuanto antes al salir vía Facebook, Twitter,…. Compartir, distribuir, extender. Llenad Facebook, Twitter, redes sociales…con lo que os haya gustado, extended la idea, el mensaje, si consideráis que es una buena noticia, porque una idea que tú, tú y tú – señalo a varios de ellos – consideráis buena, si no la extendéis, se queda muerta.

CAPITULO 11

No está mal. Ha conseguido terminar impresionándonos y sobre todo que nos riamos. Veo que algunos están aplaudiendo. Me ha gustado, miro a los demás y noto que también a ellos.

Me gusta ver cómo la gente utiliza las técnicas que existen. Cuando hace unos días, en el curso de monitores de campamentos al que nos apuntamos unos cuantos, nos comentaban lo de la "curva de la animación", nunca me hubiese imaginado que se pudiese utilizar en una charla como ha hecho el conferenciante.

Ha empezado fuerte, elevando la curva de la gráfica que nos decía el instructor del curso el otro día. Ha permitido que nuestra atención y la propia animación de la charla subieran. A mitad, ha relajado un poco con algunos conceptos que podían resultar menos atractivos. La última parte ha conseguido elevar nuestro interés con lo de AVANZAR y CREAR. Creo que lo último es lo que más nos ha llamado la atención. Y finalmente ha utilizado la técnica de la Curva de Animación, elevando muy hacia arriba la atención y el desarrollo de la charla con el video de su hija, y por supuesto lo del vaso de agua.

Mientras lo observaba y le escuchaba, me sentía identificada en varios momentos con él, porque yo también me considero una coleccionista de experiencias para tener en cuenta en el futuro. Este verano voy de monitora a un campamento de verano con niños de 6 a 10 años y se me están ocurriendo varias ideas para utilizar la Curva de la Animación.

¡Qué cantidad de conceptos! Pretendía relajarme las últimas horas del viernes, pero este hombre ha conseguido todo lo contrario, estoy nerviosa, no hago más que pensar en lo que ha dicho.

Estamos saliendo todos, como siempre, apelotonados del Salón de Actos. Las despedidas son rápidas porque es viernes y cada uno de nosotros va con prisas. Me encuentro con los dos chicos y la chica con los que suelo compartir el camino andando a casa dado que vivimos en el mismo barrio, a media hora a pie del Colegio. Nos hacemos una señal y emprendemos el camino a casa por la ruta de siempre.

Al doblar la primera esquina, uno de los chicos pregunta al aire:

–¿Os ha gustado la charla?

Me había distraído en mis pensamientos y me acabo de dar cuenta de que es la primera vez que hacemos ese primer tramo de camino hasta la esquina sin habernos dirigido ninguna palabra entre nosotros. Si todos están como yo, no les culpo, porque no he dejado de pensar en todo lo que ha dicho el conferenciante. No he dejado de comparar a mis dos hermanas y las vidas que han llevado cada una hasta el punto en el que se encuentran.

Mi hermana mediana parece haber construido su vida teniendo presentes los conceptos del 7–17. Siempre positiva, cuando tiene problemas trata de encontrar las salidas y muchas veces veo que lo comparte con su pareja o su grupo de amigos. De hecho, no es rara la vez que viene a comer a casa con nuestros padres y expone alguna situación que está viviendo con el fin de escuchar otros puntos de vista.

Ahora me doy cuenta, quizá antes no me había percatado. Escucha. ¡Es verdad! Nunca había sido consciente antes de la manera que mi hermana mediana escucha a los demás. Utiliza las formas que se han descrito hoy en la charla.

¡Si supieran los adultos que eso es lo que realmente les pedimos día a día y no se dan cuenta! Sé que no sólo me pasa a mí, porque lo he hablado alguna vez con mis amigos. Desde que tengo 13 años noto que no me escuchan, esperan a que terminemos de hablar, eso cuando no nos interrumpen a mitad para decirnos lo que tenemos que hacer. Supongo que no lo hacen con mala intención sino con su criterio, nos tratan de orientar, pero la mayoría de las veces consiguen lo contrario. Consiguen que nos pongamos una coraza y seamos nosotros los que no les escuchemos a ellos. ¡Si sólo nos dejaran terminar de hablar y luego trataran de comprender lo que hemos dicho!

Me noto una sonrisa y avergonzada miro a mis compañeros por si alguno se ha dado cuenta. Me parece que no.

−A mí, sí – contesta el otro chico – me esperaba una sesión aburrida de viernes a última hora y me ha gustado mucho escuchar experiencias de una persona mayor que nos hablaba como si hubiese estado en nuestra posición hace poco tiempo.

Me viene ahora a la mente mi hermana mayor. ¿Por qué es tan diferente a la otra? Me cuesta entenderlo, dos personas que han tenido los mismos padres, las mismas condiciones de estudios y similares posibilidades, han derivado en vidas tan distintas. A veces me pregunto si la influencia de la mediana ha podido causar algún efecto negativo en ella. Es más solitaria, no le gusta compartir en grupo y lo cierto es que la mayoría de las veces solo habla de sí misma y sus problemas. Económicamente vive por encima de sus posibilidades ya que se metió en un préstamo bancario que todavía no ha pagado y eso le implica estar muy pendiente de su día a día en cuanto a gastos. No la veo feliz. Afortunadamente, no dejó de estudiar, practica deporte, es muy trabajadora y allí donde esté estoy segura de que conseguirá aportar valor.

De hecho, de los 7 campos de cultivo que ha comentado en la charla, mi hermana mayor es excelente en el último, el de CREAR. Es una de las personas más creativas que he visto. Desde pequeña, que yo recuerde, nos sorprendía a todos con ideas que a nadie se le ocurrían. Analizando los conceptos de la charla, su reto es mejorar en todo lo concerniente al campo de AVANZAR.

Creo que sí, que es ahí donde tiene área de mejora, viendo menos problemas en las cosas antes de emprenderlas, reponiéndose rápidamente ante los fracasos y desde luego dejando de justificar sus limitaciones continuamente ya que eso le impide relacionarse con personas o emprender nuevas empresas. Por lo que he escuchado en casa alguna vez, mi hermana mayor no superaba muy bien cuando suspendía algún examen en el Colegio o Universidad. A diferencia de la mediana, que si suspendía algo se lo tomaba como una enseñanza para el siguiente examen, mi hermana mayor se angustiaba mucho, le costaba mucho superarlo y encontrar las fuerzas para el siguiente.

Lo cierto es que, desde hace un par de años, me he dado cuenta de que mi hermana mayor es mucho más inteligente que mi hermana mediana. Aunque hoy debería hablar de más inteligencia intelectual porque lo que, según la experiencia de hoy, mi hermana mediana tiene más, es inteligencia emocional.

No puedo seguir como testigo pasivo con esa situación, voy a reflexionar y tratar de contribuir, con mucho cuidado por supuesto, a que mi hermana pueda descubrir las verdades de la experiencia que hoy hemos vivido.

–Parece que al resto no os ha gustado – interrumpe el silencio el compañero que lanzó la primera pregunta – o quizá no paráis de pensar en ella.

–Tienes razón – le respondo – y perdona que no te haya contestado. No paro de pensar en algunas personas que conozco y en qué habría pasado si hubiesen vivido una experiencia como la que hemos vivido hoy nosotros,… pero diez años atrás.

Por fin soy consciente del presente. Me había distraído demasiado pensando en mis hermanas y vuelvo a darme cuenta de los verdaderos amigos que tengo, de todo lo que estamos viviendo juntos, de cómo cada uno lo comparte y aunque todos somos diferentes, creo que hemos entendido perfectamente el mensaje de hoy.

Me paro un momento, dejo que me miren como si fuera la artista principal de una pequeña obra de teatro, me llevo la mano a la boca, simulo que bebo de un vaso invisible, levanto el brazo posicionándolo extendido y la mano como si sujetara un vaso invisible. Cuando observo cómo me miran digo:

—Yo ya tengo claro lo que voy a hacer a partir de ahora: llenar el vaso de futuro aportando valor.

Me miran, y mientras sueltan una gran carcajada imitan el movimiento del brazo, primero a la boca y luego extendiéndolo en alto sujetando un vaso invisible. En ese momento decimos todos en voz alta:

—¡A LLENAR EL VASO DE FUTURO!

Estamos tan contentos y risueños que casi nos abrazaríamos ahí mismo, pero en ese preciso momento veo que estoy cerca de mi casa, miro el reloj, y haciendo ademán de salir rápido de donde estamos digo:

—Me voy corriendo a casa, chicos, que tengo mucho que estudiar.

Lanzo un cariñoso saludo al aire y me alejo rápido de ellos sabiendo que son parte de mi grupo de hoy y que juntos tenemos muchas posibilidades de hacer grandes cosas.

Glen Lapson
COLECCIONISTA DE EXPERIENCIAS

ANEXO 1

LA MARCHA DE LOS IN–VOLUNTARIOS

Érase un joven generoso que se había ofrecido de voluntario en una asociación que tenía la voluntad de ayudar, voluntariamente, a los involuntariamente desfavorecidos de la fortuna.

El joven generoso se había ofrecido voluntario, etc.,...

Como era voluntario, tenía muy buena voluntad, pero no muy grande. Se había comprometido a acudir a la asociación todos los martes, jueves y viernes a las seis de la tarde.

En la asociación estaban muy contentos con el nuevo fichaje porque hacía falta su colaboración como estudiante de economía para llevar las cuentas que estaban (como en casi todas las asociaciones) manga por hombro.

Pero he aquí que el voluntario, que para eso era voluntario y no percibía ningún sueldo, aparecía un martes, pero el jueves tenía un partido de tenis al que no podría faltar y el viernes ponían en el cineclub de la Universidad una interesantísima película que no podía perderse.

Al martes siguiente, el voluntario llegó involuntariamente una hora y cuarto más tarde y se puso al trabajo con gran entusiasmo. El siguiente jueves llegó sólo media hora más tarde y cuando estaba en lo más arduo de su tarea de economista, recibió la llamada de Yolanda:..."Pero ¿no te acuerdas de que hoy es mi cumple? – ¡Ay, perdona!". Dejó los papeles revueltos sobre la mesa y salió corriendo. Estuvo en la asociación como un clavo los tres días siguientes porque al llegar el viernes notó una cara algo extraña en el coordinador. Pero he aquí que dos semanas después encontró en el periódico el anuncio de un curso intensivo de danza– jazz. ¡Con el interés que tenía el voluntario por la cultura afroamericana, la solidaridad con el mundo negro, la expresión corporal! Avisó al coordinador: "...No serán más de dos semanas...luego podré aportar..."

Las dos semanas se convirtieron en cinco, pero el martes de la sexta apareció puntualísimo en la asociación. En la mesa que él ocupaba normalmente estaba trabajando una señora mayor con lentes finitos de esos de mirar por encima. "Buena tardes". – "Buenas tardes", contestó la señora mayor y siguió a lo suyo.

El coordinador se asomó a la puerta: "Hola, te presento a Doña Rosalía...es una contable jubilada que se ha ofrecido... ¿vienes un momento? Se lo llevó a su despacho.

– Mira, es que urgía el asunto de las cuentas, y aunque ella tiene que traerse a veces a su nieto o se le pone enfermo el marido, tiene más tiempo.

– Pero es que yo soy voluntario...

– Bueno, bueno... Hay otro rol para ti. Hemos tenido una reunión los responsables de asociaciones no gubernamentales, ONGS, fundaciones, uniones pías, clubes benéficos y hemos organizado algo que creo que te resultará interesante. Apunta esta dirección.

Al siguiente martes, el voluntario se dirigió a dicha dirección, valga la redundancia. En la puerta de aquella casa del viejo Madrid había un cartelito: "Asociación de involuntarios" piso 2° derecha. Estuvo a punto de marcharse confundido, pero le ganó la curiosidad y subió. En recepción, una muchacha estaba poniéndose el abrigo. "Hola, ¿eres nuevo, no? Aquí tienes un prospecto de la Asociación". Ella se fue. Por la sala de recepción cruzaban, entraban y salían jóvenes y maduros del más variado pelaje. Leyó: "Asociación de Involuntarios. Fundación de la Unión de Agrupaciones de Servicio Social. Nuestro objetivo es ofrecer distintos campos de actividades a todos aquellos jóvenes o adultos inquietos que quieran hacer algo (pero no demasiado) en su vida."

Esta asociación cuenta con sala de revistas, videoteca, sala de reuniones informales,... No hay horario fijo ni reglamento concreto. Puede usted venir cuanto le apetezca y comprometerse en la actividad que usted elija, aunque luego sus múltiples ocupaciones y contactos no le permitan llevar a cabo su compromiso.

Las ventajas de esta asociación son: a.– que usted se sentirá realizado y b.– que no dejará empantanada la acción de las organizaciones que se baten el cobre por causas serias en defensa de los desfavorecidos de la fortuna. Posibles actividades que le ofrecemos..."

Al voluntario no le pareció mal la idea e iba a ponerse a elegir una actividad entre la amplia lista. Pero en aquel momento miró el reloj: "¡Uy, las siete y media. Hoy retransmiten el partido Oviedo–Osasuna!

Y salió, involuntariamente corriendo

Autor: Martín Valmaseda

Lectura extraída de Fichas de trabajo para cursos de formación de Voluntarios de CARITAS (España), Septiembre 1997

ANEXO 2

LISTADO DE EXPERIENCIAS

Experiencia	Nombre
1	Cita de jóvenes
2	Entrevista personal, montaña
3	Tiendas de campaña
4	Joven con compromiso en casa
5	Prueba selección personal, los puntos
6	El último samurái
7	Solucionando la distracción
8	Cualidad básica en una entrevista de trabajo
9	Entrevista de trabajo, silencio
10	Dificultades en una asignatura
11	Habilidades en diferente profesión
12	En activo durante los estudios
13	Entrevista de trabajo, la lectura
14	La ortografía
15	Los mejores jefes
16	Cuando hacer deporte
17	Pregunta o situación
18	Higiene personal
19	cualidades de los Millenians
20	Efecto de mentir
21	Profesor especial, acción especial
22	Divergente
23	Aprendiendo a planificar
24	Prisionero de un ladrón de tiempo

BIBLIOGRAFÍA

Bach, Richard (1986) Ilusiones Editorial Javier Vergara Editor, S.A.

Bach, Richard (1988)   Juan Salvador Gaviota Editorial Javier Vergara Editor S. A.

De Bono, Edward (1999) El pensamiento creativo Ediciones Paidós Ibérica, S.A

De Mello, Anthony, s.j. (1982) El Canto del Pájaro Editorial Sal Terrae

Ende, Michael (1984)   Momo Editorial Alfaguara

Florida, Richard (2002)   The Rise of Creative Class: and how it´s transforming work, leisure, community, and everyday life Basic Book (referencia encontrada en Philip Kotler con Kartajaya y Setiawan (2012, p.35) Marketing 3.0 LID Editorial Empresarial, S.L.)

Frankl, Viktor (2003) El hombre en busca de Sentido Editorial Herder

Godin, Seth (2011) ¿Eres imprescindible? Colección Booket, grupo Planeta

Goleman, Daniel (2002) Inteligencia Emocional Editorial Kairos

Hagstrom, Robert G. (2011) Warren Buffet Editorial Gestión 2000

Kabani, Shama (2014) El Zen del Social Media Marketing Grupo Anaya, S.A.

Kiyosaki, Robert T. y Lechter, Sharon L. (2011) Padre Rico, Padre Pobre Editorial Aguilar

Kotler, Philip con Kartajaya y Setiawan (2011) Marketing 3.0 LID Editorial Empresarial, S.L

Mandino, Og (1993) El vendedor más grande del Mundo Editorial Grijalbo

Molist, Jorge (2014) Prométeme que serás libre Grupo Planeta

Noiville, Florence (2011) Soy economista y os pido disculpas Deusto Grupo Planeta

Otero, Herminio (1982) Posters con Humor Editorial C.C.S.

Rovira, Alex y Trías de Bes, Fernando (2011) La Buena Suerte Ediciones Urano

Schein, Edgar H. (1988) La cultura empresarial y el liderazgo Plaza & Janes

Yunus, Muhammad (2010) El banquero de los pobres Editorial Espasa Libros, S.L.U.

Zohar, Danah (1990) The quantum self: human nature and consciousness defined by the new physics Quill, New York (referencia encontrada en Philip Kotler con Kartajaya y Setiawan (2012, p.36) Marketing 3.0 LID Editorial Empresarial, S.L.)

NOTAS

[1] **Otero, Herminio** (1982) Posters con Humor Editorial C.C.S. (p.59)

[2] **Otero, Herminio** (1982) Dibujo de JAVI. Posters con Humor Editorial C.C.S. (p. 41)

[3] **Frankl, Viktor** (2000) El hombre doliente Editorial Herder (p.59)

[4] **Frankl, Viktor** (2003) El hombre en busca de Sentido Editorial Herder (p.155)

[5] **Bach, Richard** (1992) Ilusiones Editorial Javier Vergara Editor, S.A. (contraportada)

[6] **Kabani, Shama** (2014) El Zen del Social Media Marketing Grupo Anaya, S.A. (p.127)

[7] **Godin, Seth** (2011) ¿Eres imprescindible? Colección Booket, Grupo Planeta (p.206)

[8] **Schein, Edgar H.** (1988) La cultura empresarial y el liderazgo Plaza & Janes (p.65)

[9] **Mandino, Og** (2005) El vendedor más grande del Mundo pergamino 10. Grupo editorial Random House Mondadori, S.L. (p.113)

[10] **Kiyosaki, Robert T. y Lechter, Sharon L.** (2011) Padre Rico, Padre Pobre Editorial Aguilar (p.68)

[11] **Kotler, Philip, Kartajaya y Setiawan** (2011) Marketing 3.0. LID Editorial Empresarial, S.L (p. 133)

[12] **Noiville, Florence** (2011) Soy economista y os pido disculpas Deusto Grupo Planeta (p. 45)

[13] **Noiville, Florence** (2011) Soy economista y os pido disculpas.. Deusto Grupo Planeta (p. 74)

[14] **Rovira, Alex y Trías de Bes, Fernando** (2011) La Buena Suerte Ediciones Urano (p.40)

[15] **Bach, Richard** (1986) Ilusiones. Editorial Javier Vergara Editor, S.A. (p. 73)

[16] **Bach, Richard** (1988) Juan Salvador Gaviota. Editorial Javier Vergara Editor S. A. (p. 120)

[17] **de Mello, Anthony, s.j.** (1982) El Canto del Pájaro. Editorial Sal Terrae (p.88)

[18] **Florida, Richard** (2002)   The Rise of Creative Class: and how it´s transforming work, leisure, community, and everyday

life Basic Book (referencia encontrada en Philip Kotler con Kartajaya y Setiawan Marketing 3.0 LID Editorial Empresarial, S.L. (2012, p.35))

[19] **Zohar, Danah** (1990) The quantum self: human nature and consciousness defined by the new physics Quill, New York (referencia encontrada en Philip Kotler con Kartajaya y Setiawan Marketing 3.0 LID Editorial Empresarial, S.L. (2012, p.36))

www.ingramcontent.com/pod-product-compliance
Lightning Source LLC
Chambersburg PA
CBHW021924190326
41519CB00009B/907